今すぐ「税金大国日本」から資産を逃しなさい！

円安インフレ時代を勝ち抜くお金のルール

SASAGO YOSHIMITSU
笹子善充

ビジネス社

はじめに

前著『はじめての海外ファンド投資マニュアル』（実業之日本社）を執筆してから、4年ほどの時間が経過した。

この間、いろいろなことが日本経済を襲った。東日本大震災という天災に襲われ、原子力発電所事故が誘引された。前の民主党政権は日本経済を復活させることができず、むしろデフレ経済の長期化と円高、株安を招いた。

結果、2012年12月に行われた解散・総選挙で民主党は大敗を喫し、アベノミクスを掲げた自民党の第2次安倍晋三政権が誕生した。

恐らく、前著を読んで海外投資をした人は、今頃、海外投資のメリットを享受しているのではないだろうか。

確かに、新興国の株式市場は低迷しているが、アメリカの株価は堅調に史上最高値を更新し続けてきた。そして何よりも、米ドル高が大きく進んだ。

前著が書店に並んだ当時のドル／円レートは、1ドル＝80円前後だった。確か、「1ドル＝50円の時代が来る！」などと叫んでいた経済評論家もいたと記憶している。もう円高ムード一色で、誰もが円資金を抱えてじっとしていた。その後、確かにドル／円レートは一時1ドル＝75円台まで突っ込んだが、そこが円高のピークだった。アベノミクスによって積極的な量的質的金融緩和政策（黒田東彦《くろだはるひこ》日銀総裁による「黒田バズーカ」）が打ち出され、徐々にドル高円安へと向かい始めたのはご存じの通りだ。

そして、その結果、2014年12月には1ドル＝120円という円安水準を達成するまでになった。

もし、前著を読んで海外投資をしてくださっていたとしたら、為替のリターンだけでも相当なものになったはずだ。何しろ1ドル＝75円だったのが120円になったのだから、ドルは対円で60％も上昇したことになる。

もちろん、「海外投資は、あくまでも外貨のまま使うための資金運用」だと割り切っている方もいるだろう。そういう方にとっては、為替変動によって生じるリターンは、あまり関係ないだろうが、それでも海外で資産を運用しているメリットは、十分に享受できているだろう。何しろ海外には、日本で買えないような高利回り商品が、山のようにあるのだから。

一方で、高利回りだということばかりに目を向け、結果、詐欺的な商品に手を出せば、後々面倒なことに巻き込まれることになるのはいうまでもない。無論、本書を通じて私が伝えたいのは、そうした詐欺的商品ではなく、真っ当な運用を行い、しかも十分魅力的な投資対象が海外には驚くほどあるということだ。それらをうまく活用すれば、投資を始める年齢にもよるが、アーリーリタイアメントも夢ではない。

かつて、私は日本の大手生命保険の商品で毎月7万円を積み立てていた。15年ほど積み立てただろうか。それを解約したときの驚きは、今でも覚えている。さすがに元本割れこそしていなかったが、配当金が100万円程度しかついていなかったのだ。

これが超低金利時代の厳しい現実である。つまり、資産運用をしようとしても、ほとんどリターンが得られないのだ。ましてや日本は、デフレ時代が非常に長く続いた。預貯金だけでなく、株式のような投資商品もリターンが上がらない状況が常態化していたのだ。

私は1993年に一度、香港に勤務したことがある。32歳のころだ。動機は不純で、香港に行けば日本と同じ年収でも15％の所得税を払うだけなので、手取りがガッポリ増えると思ったからだ。

そして目論見通り、月収は大幅増！　いい気になって毎晩呑み歩いていた。しかし、このとき自分の蓄財について真剣に考えていれば、また別の人生が待っていたかもしれない。何しろ香港では、所得税が15％であるだけでなく、キャピタルゲイン課税もないのだから。だが当時、日本からもっとも近いオフショアにいながら、みすみす蓄財のチャンスを逃してしまっていた。

もし、日本の生命保険会社の商品に見切りをつけ、本文中で紹介しているような海外ファンドなどで資金を運用したら、どうなっていただろうか。手取り収入が倍増した分、たとえば30万円ずつ外貨建てで積み立てていけば、20年後の今ごろは1億円を超える財産を築くことができたはずだ。

だから、香港でビジネスを再開した際、自身の財産を海外投資でしっかりと増やそうと考え、以後、実践してきた。

こうした経験を踏まえたうえで、本書で紹介している海外投資商品は、自分が実際に取引して、「これなら過大なリスクを負わず、ある程度、堅実に財産を増やすことができるだろう」と思われるものを中心にしている。中高年世代はもとより、今、20代、30代という若い人も、自分が置かれている現実にきちんと目を向けて、資産形成の方法を真剣に検討する必要がある。

運用可能期間が長期になればなるほど、資産を大きく増やせるチャンスに恵まれる。本書が、これから資産形成をしようと考えている人たちの参考になれば、著者としてはこれに勝る喜びはない。

2014年12月

笹子善充

第3章

海外銀行のスマートな使い方

第4章

知って安心！ 海外ファンド選びのコツ

第5章 期待がますます高まる「ランドバンキング」活用法

第6章 地球環境への貢献と安定したリターンを狙う「再生可能エネルギー債」

第7章 密かに人気のオフショア養老保険に要注目！

第8章 危ない海外投資、ここに注意！

終章 静かに進んでいるキャピタルフライト

第1章

なぜ今こそ、海外投資をするべきなのか

絶対に知っておくべき〝円安〟が持つ本当の意味

民主党政権が倒れ、安倍政権が誕生してから、為替は円安ドル高へと舵を切った。安倍政権誕生前夜のドル／円レートは、一時的に1ドル＝75円まで円高ドル安が進んだが、徐々に1ドル＝100円を目指す動きとなり、さらに2014年10月末に急きょ発表された量的金融緩和の拡大によって、ついに1ドル＝120円台まで円安ドル高が進んだ。

この円安ドル高を目の当たりにして、皆さんはどう思われただろうか。

「これで円高デフレに苦しまなくて済む」

確かにそうだろう。

「輸出企業の業績にはポジティブ材料。自動車や家電などのメーカーの株価が上がる」

これも間違いない。

実際、民主党政権下では、最高1ドル＝75円という円高に散々苦しめられただけに、安倍政権の下で進んだ円安ドル高を歓迎するムードはある。

ドル／円レートの推移

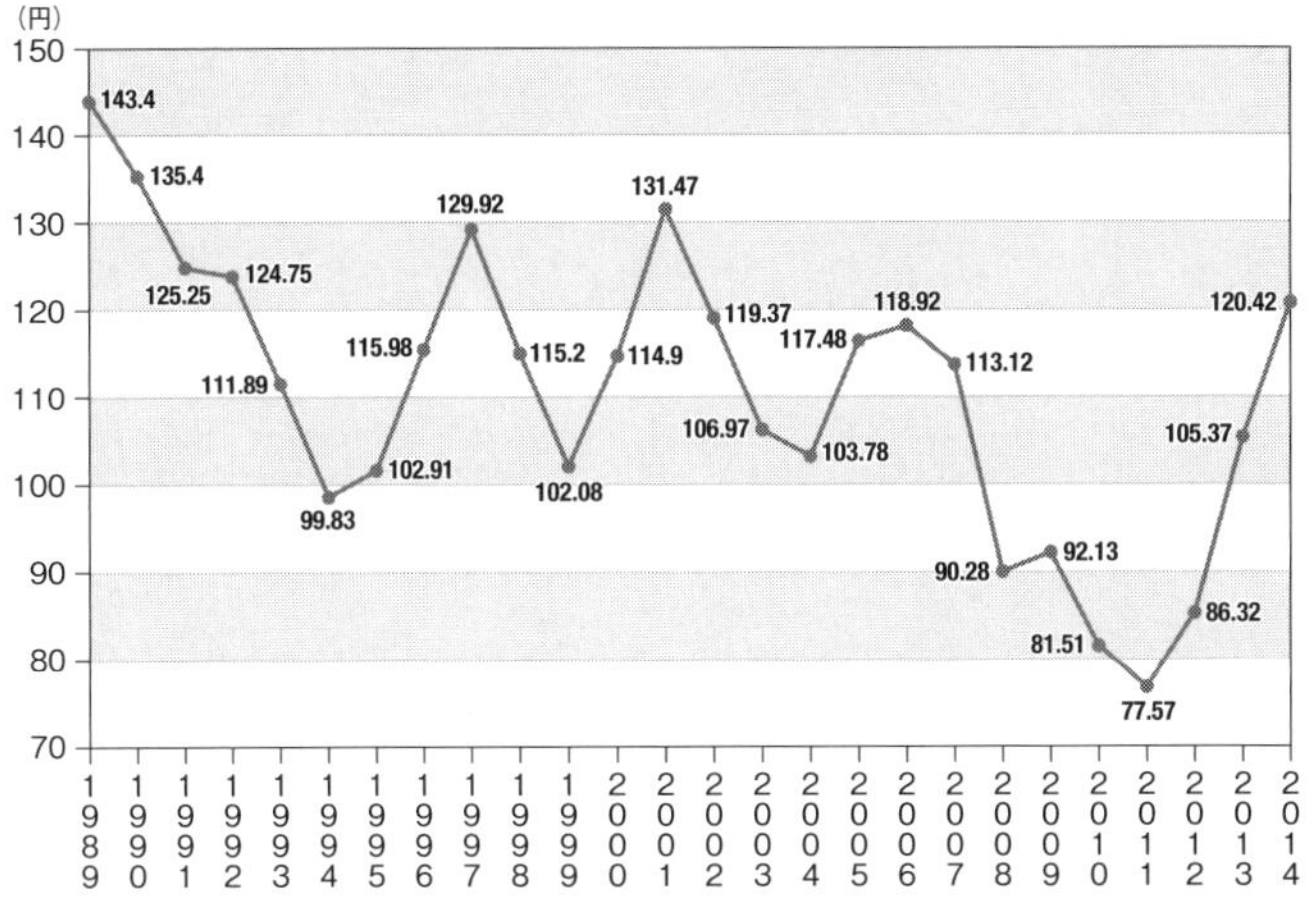

出所：日本銀行　※数値は各年末のもの。ただし、2014年は12月24日時点

しかし、円安ドル高が進むと、実際に私たちの資産価値にどのような影響が生じてくるのか、ご存じだろうか。

実は、かなり恐ろしいことが起こる。恐らく、日本国内で生活している限り、使うお金は「円」になるから、その変化をあまり意識することはないだろう。ところが、**円安ドル高が進めば進むほど、着実に円資産の価値は目減りしていく**のである。

私のように海外を生活の拠点にしている身からすると、この意味が痛いほどよくわかる。海外でドルを中心の生活をしていて、たまに日本に帰国すると、お金の使い手がとてもあるのだ。

たとえば日本に帰国した際、1000米

ドルを持っていたとしよう。これを日本円に両替すると、為替レートが1ドル＝75円の場合、7万5000円の現金が返ってくる。

ところが、1ドル＝119円まで円安ドル高が進むと、1000米ドルを両替すると、得られる日本円は11万9000円にもなる。4万4000円も増えた計算だ。それだけ、ドルの価値が上がる一方で、円の価値が値下がりしたことを意味する。

では、この間、ただひたすら円を持ち続けたとしたら、その価値はどうなるのだろうか。前述したように、多くの日本人は日本国内で円を使って生活している。そのため多少、円安ドル高が進んだとしても、自分が持っている資産に何か深刻な影響が生じているという実感が得にくいかもしれない。

しかし、それはあくまでも想定内の円安ドル高で収まっていれば、の話だ。想定内というのは、たとえば企業が為替変動分を製品価格などに反映させずに済む範囲のことを指す。恐らく1ドル＝120円前後であれば、まだ想定の範囲内といっていいだろう。

ところが、1ドル＝140円のように、さらに大きく円安ドル高が進んだらどうなるだろうか。

これだけの円安ドル高となると、真っ先に影響を受けるのが、海外から製品や原材料などを輸入している輸入企業だ。1ドル＝100円の場合、1000米ドルの原材料を輸入するのにかかる円建て資金は10万円だが、1ドル＝140円まで円安ドル高が進んだら、同じ1000米ドルのものを輸入するのにかかる円建て資金は14万円になる。ざっと4割も余計にお金がかかることになるのだ。こうなると、当然、その原材料をベースにして作られる製品の価格も引き上げざるを得なくなる。

結果、円安ドル高が進むほど、日本国内に流通するモノの値段が上がっていく。つまり、〝インフレ〟になるのだ。

このような**インフレ状況下で、仮に保有資産の全額が円建てだとしたら、その人が持つ資産の価値は、物価が上昇した分だけ確実に目減りする**ことになる。

実際、昨今の円安の最中、すべての資産を円建てで保有している人の資産価値は、どの程度、下落したのか。1ドル＝75円から120円まで円安ドル高が進んだという前提で計算すると、ドルは円に対して60％も上昇したことになる。その逆数で計算すると、円はドルに対して37・5％下落したことになる。つまり、1000万円を持っている人は、その価値が625万円にまで目減りしてしまったというわけだ。

さすがに、これ以上は円安ドル高にならないと思っている人も多いだろう。

しかし、まだまだ円安ドル高が続く環境にあるのが事実だ。アメリカはすでにQE（量的金融緩和）をやめ、次の焦点は利上げに移ってきている。好調な経済を背景にして、すでに出口戦略を実行し始めているのだ。

対する日本は、前述のように黒田日銀総裁による異次元緩和、いわゆる「黒田バズーカ第2弾」を放ち、さらなる金融緩和を行っている。つまり、これからさらに日本とアメリカの金利差は拡大していくということだ。そうなれば、さらなる円安ドル高が進むのは自明だろう。

このような環境下で、すべての資産を円で保有していたら、さらに資産の価値が目減りしてしまう。それを防ぐためには、**まず外貨建て資産を保有すること。それが、保有資産の価値の目減りを防ぐ保険代わりになる**のだ。

消費税の増税だけでは、日本の財政赤字問題は絶対に解決しない！

もちろん、日本国内でも外貨預金や外貨建て債券、あるいは外国投資信託というように、

日本の債務残高と対GDP比

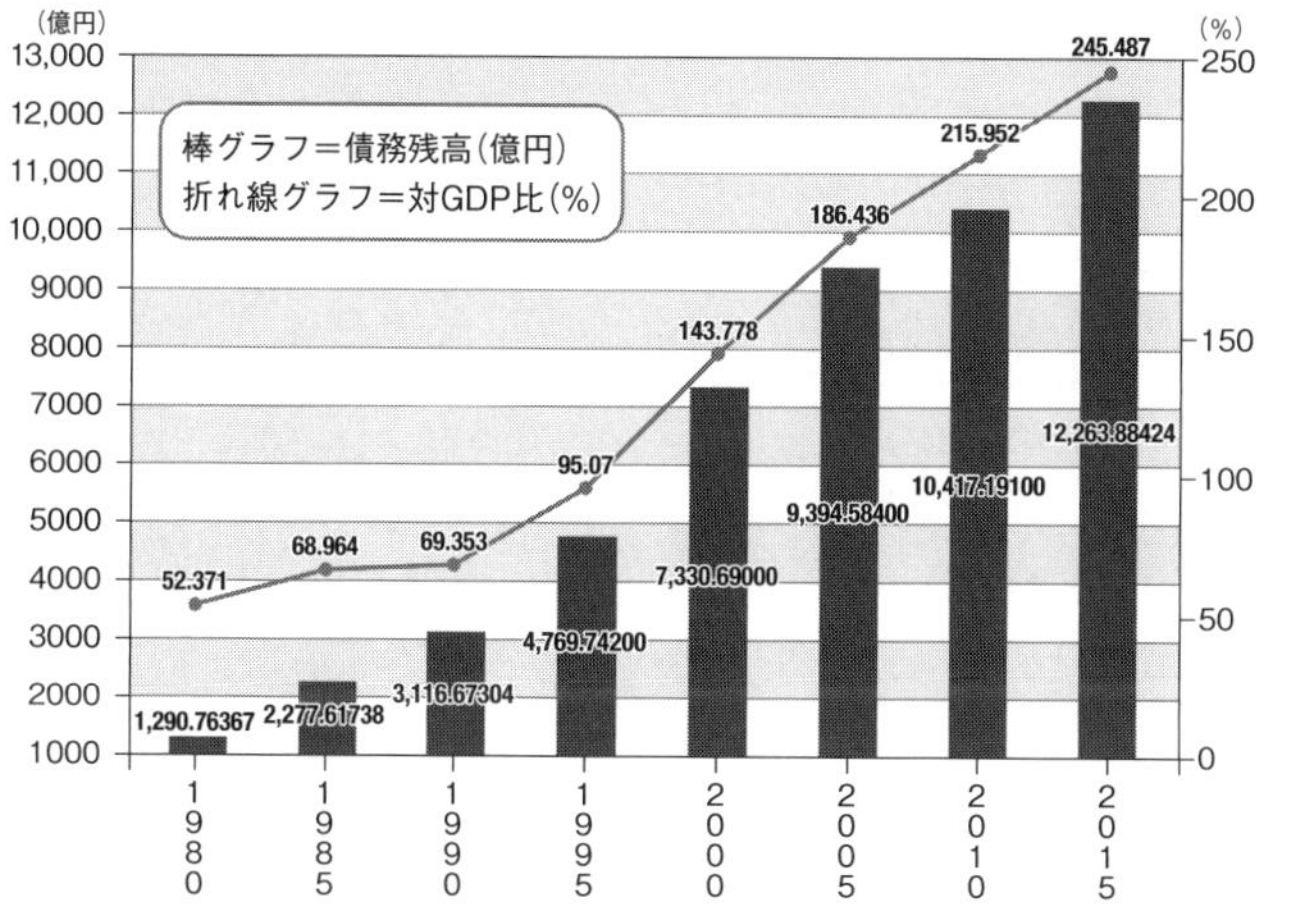

出所：IMF　※2015年は予測値

外貨建ての金融商品はたくさんある。それで運用すれば、前述したような円安で保有資産の価値が目減りするリスクは一応、軽減させることができる。

しかし、それだけで安心していいのかというと、実はまだまだ不安材料はたくさんある。

確かに、安倍政権のもとで日本の景気は徐々に回復しつつある。ただ、問題は1000兆円にも上る多額の財政赤字をどうするか、ということだ。

2014年4月に消費税率が8%へと引き上げられた。さらに2014年11月18日、安倍首相は消費税10%への引き上げ時期を2017（平成29）年4月とすることを発表した。それでも、1000兆円にも上る財政赤字を解消することは、とうていできない。

ではどうするか。

この国の役人たちは、間違いなく個人の資産をあてにしている。もし、どうしても財政赤字が解消せず、日本が大変な状況になりそうな場合には、国民からお金を巻き上げればいいと考えているフシが、さまざまな発言内容から感じ取れるのだ。

たとえば、こんなコメントを見聞きしたことはないだろうか。

「確かに、日本は今、1000兆円を超える借金を抱えています。でも大丈夫です。なぜなら豊かな個人金融資産があるからです。国債の償還には問題がありません」

「そうか、大丈夫なのか」などと納得してては決していけない。どう考えても、このロジックはおかしいのだ。

なぜなら、個人金融資産というのは、私たちが一生懸命に働いて蓄積した資産だからだ。ただでさえ、超高齢社会で年金事情が厳しくなっている。だから、日本人の多くは自分たちの老後の生活資金を、コツコツと貯めている。その成果が1645兆円（2014年6

月末時点）もの個人金融資産である。

確かに、国の借金が1000兆円でも、個人金融資産が1645兆円もあるのだから、借金返済能力は十二分にあると、日本の役人は言いたいのだろうが、このお金は、私たちが働いて積み上げてきたお金だ。それを使って1000兆円の財政赤字を解消するなどということを、もし政府の誰かが考えているとしたら、とんでもないことになる。**要は個人の資産を活用して、国の借金返済に充てるということ**だ。

では、個人ができる資産防衛策は何か？　一番簡単なことは、海外に資産の一部を移すことだ。いくら日本の財務省でも、海外の銀行などに預けてある資産にまで手を伸ばすことはできない。

このように書くと、ちょっと小利口な連中はすぐに税金逃れと結びつけようとするが、そんなケチな話をしているのではない。税金はきちっと収めなければならないのは当然のこと。つまり、海外で運用した結果、得られた収益については、日本国内で確定申告をする義務がある。ただ、いざという場合に備えて、日本以外の国にも資産を分散させることが、究極のリスクを回避するための有効な手段になるということなのだ。

先物市場が引き金となる
前代未聞の〝国債大暴落祭り〟

前述のように日本は今、量的金融緩和を徹底して行っている。２０１３年４月に続き２０１４年10月にも異次元の金融緩和を行った。

すでに日本の政策金利は０％近くまで低下しているが、量的金融緩和を行うということは、つまりは、お札をどんどん刷って市場に投入することだから、理屈からいえば金利はますます上がらなくなるはずだ。

しかし、それでも金利が上昇することがある。とりわけ今の日本に関していえば、**量的金融緩和を行っているにもかかわらず金利が上がり始めたら、それはいよいよもって、日本から海外へと資産を逃さなければならない時期が到来したことを意味するサイン**だと思っていいだろう。

では、どうして量的金融緩和を行っているにもかかわらず、金利が上昇するのか。

本来、金利の上昇は、景気が過熱ぎみでインフレ圧力が強まっているときに行われる。

景気の良さを表すという意味で、こうした状況下での金利の上昇は「良い金利上昇」だといえる。

しかし、景気が悪く、中央銀行が低金利政策を継続したいと考えているのにもかかわらず、金利が上がってしまうケースもある。これが「悪い金利上昇」だ。そうなる要因を、今の日本経済ははらんでいるといってもいい。具体的には、前述した日本の財政赤字がその引き金になり得る。

つまりこういうことだ。

日本の財政赤字が深刻で、いよいよ借金返済に窮するようになったとしたら、真っ先に債券市場が反応するだろう。確かに、日本国債は大半を年金運用団体、銀行といった国内投資家が保有しており、海外投資家の保有比率は約8・5％にすぎないが、だからといって日本国債が売られないという保証はどこにもない。なぜなら、債券には先物市場が存在しているからだ。

先物とは、将来、取引するモノの値段を今の時点で決める取引のことだ。たとえば、ニンジンを例に挙げよう。現段階の値段は1本100円だ。ところが、今年は冷夏のため、どうも野菜の収穫状況が悪くなりそうだ。となると、今は1本100円で買えるニンジンが、2カ月後には200円、300円という値段になるかもしれない。

だが、そうなったら、ニンジンを大量に使っているレストランの店主は困ってしまう。そのため、今の段階でニンジンを1本100円で買えるという約束を、先物市場で結ぶのだ。そうすれば、2カ月後に1本150円になっていたとしても、このレストランの店主は1本100円でニンジンを仕入れることができる。つまり原価高を抑えることができるのだ。

また先物市場では、逆にニンジンの値段が下落した際、生産者が儲けを失うことを最小限に抑えるため、「売り」を行うこともできる。手元にニンジンがなくても売ることができるし、もっと言えば、将来、ニンジンの価格は下がるという予測に賭けてみて、高値のうちにニンジンを売り安値で買い戻せば、その値幅が利益になるのだ。このように、先物取引というのは、手元に現物がなかったとしても、その対象物を売却できる仕組みになっている。

これは債券先物市場でも同じこと。たとえ手元に日本国債がなくても、それを売却することができる。さらには、**日本の債券先物市場は、日本の投資家だけでなく、外国人投資家にも広く門戸が開放されている。つまり、外国人投資家は手元に日本国債がなくても、**

債券先物市場を利用すればいつでも日本国債を売り崩せる環境にあるというわけだ。

「日本の財政赤字が深刻化する」

↓

「国債の価格が暴落する恐れがある」

↓

「だから、今のうちに債券を先物市場で売却し、安値で買い戻せば利益が得られる」

このような戦略で、外国人投資家が債券先物を売ってきたら、日本国債の価格は暴落することになる。債券価格が暴落すれば、金利は急騰する。

外国人投資家は、日本国債の価格が将来上がってしまうと安く買えないから、先物で2カ月後に買う値段を予約しておこう、などというのんびりした気持ちで先物市場に参加しているわけではない。彼らは純粋に投機目的で参加している。

この問題が深刻なのは、債券先物を用いた外国人投資家による日本国債の売り崩しだけでは済まないということだ。さらに連鎖的な国債売りが続く恐れがある。国債の信用力が低下し、その価格が債券市場で暴落したとなれば、スタンダード&プアーズ（S&P）やムーディーズ、フィッチ・レーティングスといった海外の債券格付会社は、日本国債の格付けをさらに引き下げるだろう。

ここでいう「格付け」とは、その債券の信用力を図るモノサシのようなものだ。AAA、AA、A、BBB、BB、Bといったアルファベットを並べた記号で、信用力の高低が示される。

2014年の12月にムーディーズが日本国債の格付けを下げ話題となったが、実際、債券格付けは、債券発行体の元利返済能力と照らし合わせながら、常に見直しが行われている。たとえば、次ページの図を見ればわかるように日本国債も、かつてはアメリカ国債と並んでAAA（トリプルエー）という最上級格付けを取得し、世界でもっとも安全な資産といわれた時期もあったが、現在のS&Pによる格付けは「AA-（ダブルエーマイナス）」だ。

格付けには補助記号というものがあり、日本国債のAAにはこのようにマイナスが付いている。つまり、もう1段階、格下げが行われたら、日本国債の格付けは「A（シングルエー）」になってしまう。

こうなると、銀行が保有している日本国債を手放さなければならなくなるかもしれない

日本国債の格付けの変遷

↑アップ　↓ダウン

格付会社 / 格付変更年月日	ムーディーズ	S&P	フィッチ
1992年7月27日		AAA	
1993年5月7日	Aaa	↓	
1995年10月26日	↓	↓	AAA
1998年11月17日	↓ Aa1（Down）	↓	↓
2000年6月29日	↓	↓	↓ AA+（Down）
2000年9月8日	↓ Aa2（Down）	↓	↓
2001年2月22日	↓	↓ AA+（Down）	↓
2001年11月26日	↓	↓	↓ AA（Down）
2001年11月27日	↓	↓ AA（Down）	↓
2001年12月4日	↓ Aa3（Down）	↓	↓
2002年4月15日	↓	↓ AA-（Down）	↓
2002年5月31日	A2（Down）	↓	↓
2002年11月21日	↓	↓	↓ AA-（Down）
2007年4月23日	↓	↑ AA（Up）	↓
2007年10月11日	↑ A1（Up）	↓	↓
2008年6月30日	↑ Aa3（Up）	↓	↓
2009年5月18日	↑ Aa2（Up）	↓	↓
2011年1月27日	↓	↓ AA-（Down）	↓
2011年8月24日	↓ Aa3（Down）	↓	↓
2012年5月16日	↓	↓	↓ A+（Down）
2014年12月1日	↓ A1（Down）	↓	↓

という、かなり厳しい状況に追い込まれる。

なぜなら、Ａに格下げされた日本国債を持っていると、リスク資産を保有していると見なされてしまうからだ。リスク資産ということは、銀行の自己資本比率を計算する際のリスクウエイトに含まれることを意味する。つまり自己資本比率が悪化してしまうのだ。

自己資本比率が悪化すると、銀行業務を行ううえでさまざまな支障が生じてくる。そのため銀行は、もし日本国債が「Ａ」まで格下げされる恐れが浮上したら、持っている日本国債を売却してくるかもしれない。

さて、**ひとたび銀行が持っている日本国債を手放したらどうなるか。国債マーケットでは、それこそ日本国債の〝大暴落祭り〟になる。**何しろ、銀行は発行されている日本国債の50％以上を持っている。それが売りに出されたら、日本国債の価格が暴落するのは、火を見るより明らかだ。

日本国債が売りまくられたらどうなるか。

当然、日本政府は資金繰りに窮してしまうだろう。長期金利が上昇するため、まず既発行の国債の利払い負担が一気に重くなる。よく考えてみてほしい。１０００兆円もの借金に対する金利が１％上昇したら、利払い負担は10兆円も増えてしまうのだ。消費税を引き上げるくらいでは追いつかないだろう。その先に待っているのは財政破綻だ。

ここまで来たら、いよいよもって日本の財政事情も末期症状となる。前述のように2014年12月1日にムーディーズによる日本国債の格付けが下げられ話題となったが、預金封鎖という〝禁じ手〟を含め、国民の1645兆円という個人金融資産を狙って、政府はいろいろな策を弄《ろう》してくるだろう。そのとき、いかに自分の大事な資産を守るか、そのための方法はどういうものなのか、ということを、真剣に考える必要がある。

消費税率引き上げの次に待つなりふりかまわぬ恐るべき大増税案

このように考えていくと、なぜアベノミクスがインフレ促進策を打ち出しているのかということの裏が、よく見えてくる。

インフレを進めれば、借金負担が軽減されるからだ。仮に今、日本政府が抱えている借金の金利が平均で年2％だとする。これに対してインフレ率が5％になれば、借金の負担は年3％ずつ減価していくことになる。インフレが進むほど相対的にお金の価値が目減りしていくため、固定金利で借金をしていれば、インフレ率が金利を超えている分だけ借金の負担が軽減されるというわけだ。

仮に、年3％ずつ20年にわたってインフレが続けば、借金の負担は60％も軽減されることになる。したがって今後、インフレが加速したとしても、政府は基本的にその状態のまま放置するだろう。

そして、政府はさらにもうひとつ、隠し玉を持っている。それは、「財産税」というとんでもない代物だ。

実は現状でも、相続税や贈与税という形で財産税は徴収されている。また、個別財産税といって固定資産税や自動車税などもあるが、こうしたものは実は大した問題ではない。

恐ろしいのは、財産税という名のもとに、個人または法人が所有している財産のすべてが課税対象にされるという事態だ。実際、財産税が法律として制定され、施行されたことがある。終戦直後の話だが、その内容は「1946年3月3日午前0時において国内に在住した個人の財産の全額、および国外在住の個人が国内に所有した財産に対して財産税を課税する」というものだった。

税率は超過累進税率がとられており、最高税率は何と90％。これは1500万円以上の財産を所有していた個人に対して課せられた税率だが、この課税により、日本国内に多額の財産を所有していたお金持ちは、一気に〝没落貴族〟になってしまった。

財産税というように、あくまでも表向きは税金の形をとってはいるが、どう考えてもこれは政府による個人財産の没収だ。国民が一生懸命になって貯めた財産が、一夜にして政府に没収されてしまったのである。

戦後70年が経過し、われわれは当時の悲惨な状況を忘れつつある。長い平和のなかで、個人の財産はあくまでも自分のものとして権利が確保されていると、つい思ってしまいがちだが、実際には、明日、日本に何が起こるかなど誰にもわからない。大震災や原発事故、隣国の軍事的挑発やテロなど、さまざまなリスクを私たちは抱えているのだから。そして、**いざとなれば国は、国民からその財産を平気でむしりとる**のだ。

ここでもう一度、思い出してほしい。

「国債の発行残高が1000兆円を超えても、個人金融資産が1645兆円もあるのだから、大丈夫」

このような物言いが流布されているが、その真意はどこにあるのか。ひょっとしたら、国は国民の個人金融資産に財産税を課して、それで国債の償還を行おうとしているのではないか。歴史を振り返ってみれば、そう勘繰りたくもなる。

もちろん、国に一大事があった際には、何があってもはせ参じるのが国民の務めであるのかもしれないが、**政治家や官僚たちが自分の保身のために繰り返してきただらない失政が原因で作られたツケのために、国民が犠牲になる必要などどこにもない。**

いち早く逃げ出し始めた富裕層の個人金融資産

これは私の実感だが、キャピタルフライトはもう実際に起こっている。

こんなことを言うと、日本の金融当局からは「ふざけるな」という声が出てきそうだが、私のブログ（香港マイタン日記http://amet.livedoor.biz）を読んだ読者の方から、毎日のように海外口座開設に関連した相談が寄せられているのは紛れもない事実だ。特に、2011年3月の東日本大震災以降、その勢いが加速した感がある。

実際、ある仲介業者によると、毎月100名単位の日本人を香港に送り込んでいるという。そして、群れをなして口座開設に訪れる日本人と香港の銀行との間でさまざまなトラブルが起こっている。

いずれにしても、それだけ大勢の人が海外口座開設に関心を持っているということだ。

また、これが大事なことだが、自ら積極的に海外口座を開設しようとしている人というのは、一般的にある程度、お金を持っている富裕層か、それに近いような人たちが中心なのである。

「多少、個人が海外に口座を作って資金を移動させたからといって、日本の個人金融資産は1600兆円以上もあるのだから、急に影響が起こるはずない」

こんなふうに考えていたら大間違いだ。

よく考えてほしい。確かに個人金融資産全体は1645兆円に上るが、その資金の多くは、一部の富裕層に偏在しているはずだ。たとえば、個人金融資産の総額を1億2000万人いる国民全員で割ったら、国民1人あたりの保有資産額は1370万円になる。無論、生まれたばかりの赤ん坊も含めての話だ。仮に4人家族だとしたら、一家の保有資産の額は5480万円となる。

「そんなバカな数字、あるわけない」

そう思う人は少なくないはずだ。

ということは、1645兆円のかなりの部分については、一般庶民とは関係のない富裕層が握っていると見て間違いないだろう。

つまり、1645兆円の個人金融資産の相当部分は、いわゆるお金持ちが持っている。そして、そのお金持ちこそ、今や海外口座を積極的に開設しようと考えている。もし、彼らが本格的に海外への資金移動を行うようになったら、個人金融資産の総額は瞬く間に減少するかもしれない。

日本人が毎月100人単位で香港を訪れ、海外口座を開設しているというのは、まさにキャピタルフライトが現実化している何よりの証拠なのだ。

まるで江戸時代の鎖国のような出国税導入という新手段

もちろん、日本政府も手をこまねいているわけではない。2014年10月22日に日本経済新聞が報じたところによると、いよいよ政府・与党が富裕層の税逃れ対策を強化する検討に入ったという。

本来、保有している株式などに含み益が発生している状態で海外に移住した後、その株式などを移住先で売却して利益を得ると、移住先の国で課税される。そのため、香港やシンガポールなど、株式などの譲渡益に課税しない国に移住した場合は、保有資産の売却益に対して課税されないというメリットが得られるのだが、どうやら政府はここに網をかけたいらしい。2015年度からは、海外移住するのに日本から出国する際、株式などの含み益に対して譲渡所得税分が課税されることになる。

江戸時代の鎖国体制に逆戻りかと思わせるような税法を国は制定しようとしている。来年度以降は、海外移住しても、これまでのような移住先の税制によるメリットは、なくなるということだ。

ちなみに課税対象者は、金融資産で1億円以上を保有している人だ。これで、果たして富裕層の海外流出を食い止められるのかどうか。注目しておきたいところだ。

第2章

知っておきたい
海外投資の超基礎知識

「為替はリスク」という考えに過度にとらわれる必要はない！

海外投資は基本的に米ドル建てなど外貨建てで投資することになる。そのため、海外投資のリスクというと、恐らく多くの人がまず「為替リスク」を頭に浮かべると思う。為替レートの値動きによってダイレクトに損益を実感することになるため、ことさら為替リスクが気になるのだろう。

ご存じのように、為替レートは刻々と変動しているので、その値動きによって円建てで見たときの資産価値は、常に増減を繰り返している。仮に投資した資産の時価総額が1万米ドルで、為替レートが1ドル＝114円なら、円ベースの時価総額は114万円だが、1ドル＝90円まで円高ドル安が進めば、円建ての時価総額は90万円になる。ドル建ての時価総額が変わらなくても、為替レートが円高になれば、為替差損が生じて円建ての時価総額は目減りするのだ。

逆に、1ドル＝120円になれば、ドル建ての時価総額が変動しなくても、円建ての時

ドル／円レートの推移

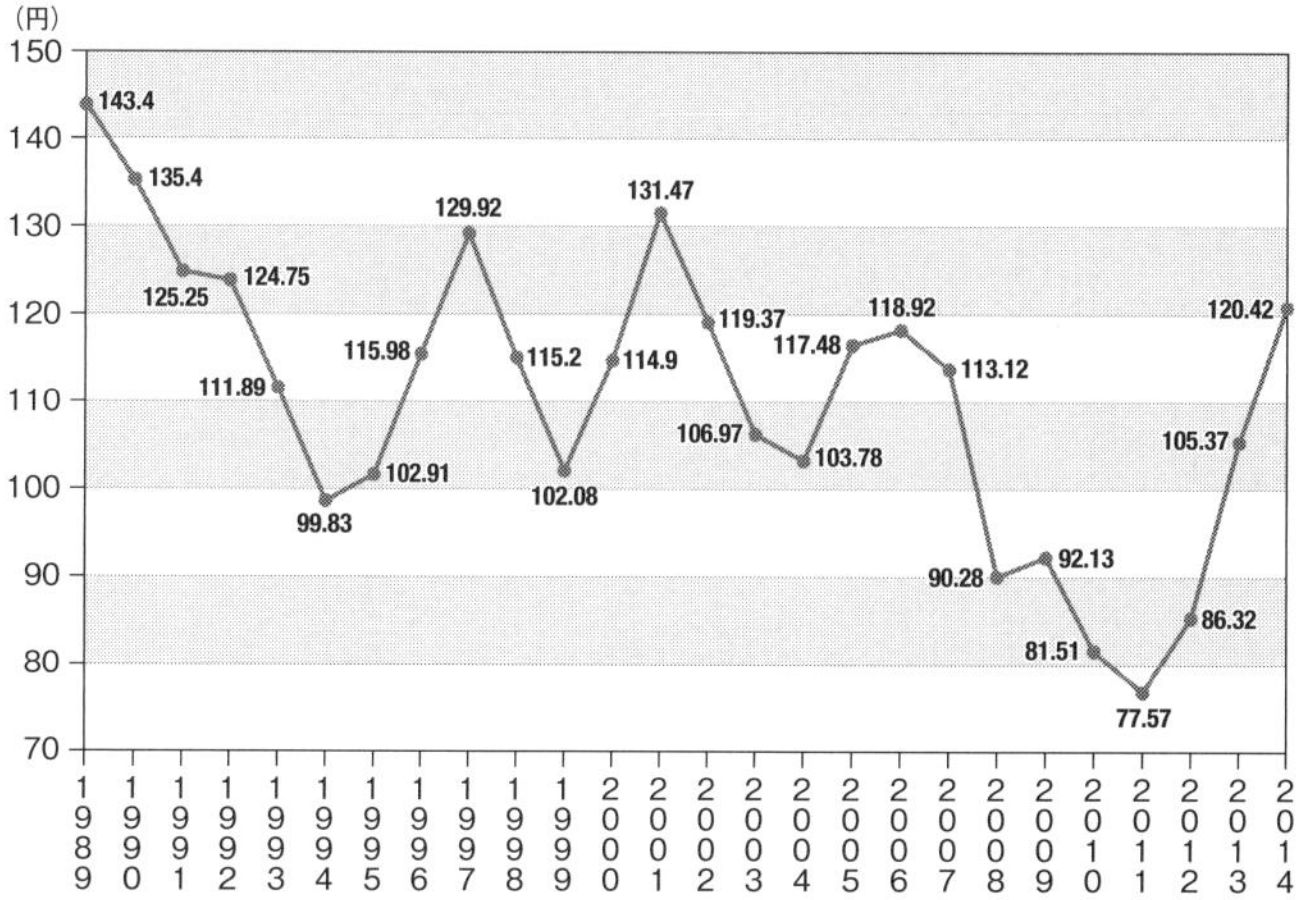

出所：日本銀行　※数値は各年末のもの。ただし、2014年は12月24日時点

価総額は120万円になる。これだけの影響が生じるのだから、多くの人が為替リスクに対して神経質になるのも無理はない。運用で損をするのが嫌な人は、どうしても為替差損になじむことができず、海外投資や外貨投資に二の足を踏んでしまう。

また、海外の株式や債券、ファンドになると、為替の値動きだけでなく、各投資商品自体の値動きも、当然、損益に影響してくる。ボラティリティ（価格の変動性）が高ければ高いほど、不確定要素が多くなり、「リスクが高い投資商品」というイメージが強まってしまうのだろう。

しかし、実のところ為替リスクに関しては、過剰に怖がる必要はないと私は思う。

理由はふたつ。

第一に、無論、100%断言はできないが、**恐らくもう当分の間、1ドル=75円などという極端な円高にはならない**だろうということ。為替レートに影響を及ぼす相手国と実質金利を比べると、日本は当面、名目金利は上がらないものの、物価は上昇傾向をたどる。実質金利は「名目金利—物価上昇率」だから、仮に名目金利が0・7%で、物価上昇率が目標値の2%だとすると、実質金利はマイナス1・3%になる。つまりは、マイナス金利ということだ。

これに対してアメリカでは今後、QE(量的金融緩和)の終了に次いで、いよいよ利上げが行われるだろう。10年国債の利回りで見ると、アメリカの名目金利は2・3%程度。消費者物価指数の上昇率が1・7%だとすると、実質金利は0・6%になる。つまり、実質金利ベースではアメリカが日本を上回るため、円が売られる一方でドルが買われやすくなる。この状況が当分続くと仮定すれば、今後もドル高は続くだろう。したがって、ここからしばらく為替で大きく損をする確率は低いと考えられる。

第二の理由は、そうはいっても第一の理由である「絶対、円高にはならない」とは100%言い切れないので、その保険という意味合いとして、仮に**為替差損が生じたとし**

ても、ドルのまま使えばいいということ。海外旅行や海外出張の多い人からすれば、外貨で決済する機会はかなり多いだろう。

また最近は海外のネット通販も利用できるので、日本に居ながらにして、外貨建ての決済ができる。外貨で増やして、外貨建てで決済する。そうすれば、為替リスクを気にする必要がなくなる。

つまり、為替リスクに過度に神経質になる必要などは、どこにもないということだ。

資産運用方法ごとに異なる「売り」と「買い」の制約に注意

資産運用の注意点で、意外と忘れてしまいがちなのが、「流動性リスク」だ。要するに、売りたいと思ったときに売れないというリスクのことである。

売りたいと思ったときに売れなかったらどうなるのかを考えてみれば、この重要性は一目瞭然だ。めったにないことではあるが、どうしても明日の夕方までに、現金で100万円を用意しなければならないとしよう。銀行の定期預金には、あいにく50万円しか入っていない。それ以外の資産は、世界中に分散投資している投資信託と、日本の株式で固められている。

もし、このようなポートフォリオで運用していたとしたら、残り50万円はキャッシングするしかないだろう。なぜなら、世界に分散投資するタイプの投資信託は、「T＋5」といって、解約を申し出た日から起算して5営業日目にならないと現金が手元に入らないものもあるからだ。また日本の株式の場合は「T＋3」だから、3営業日目に現金化される。

日本で購入できる投資商品の流動性をまとめると、恐らく次ページの図のようになるだろう。

投資商品によって違いはあるが、解約もしくは売却を申し出た日から実際に現金化されるまでには、一定の日数が必要であることが、この図からおわかりになるだろう。こうした日数をきちんと把握しておかないと、必要なときに現金の持ち合わせがないということになってしまう。

加えて、もうひとつ流動性で問題になるのが、マーケットの流動性だ。

特に株式や債券は国内、海外を問わず、このマーケットの流動性に配慮する必要がある。たとえば株式などは、売ろうと思って売り注文を出したとしても、マーケットに買い手が

主な投資・金融商品の流動性比較

投資・金融商品	キャッシュ化の条件	流動性の高低
外貨普通預金	即時現金化可能	高
MMF（マネー・マネージメント・ファンド）	翌営業日には現金化。一定条件のもとで即時換金も可能	
外貨定期預金	窓口で申し出れば解約できる場合もあるが、普通預金利率が適用されるなどのペナルティあり	
日本株式	T+3	
国内債券	T+4	
外国債券	T+4	
金	先物取引は「T+4」。現物の場合は、購入した会社での解約なら即時買取だが、買ったところとはまったく関係ない会社に地金を持ちこんで売却する場合は、現金化までに一定の日数がかかる	
外国投資信託（海外ファンド）	T+5	
変額年金保険	保険期間中の解約は一応可能だが、手続きが面倒で、かつ多額の解約手数料が取られてしまう	
不動産	流動性は極めて低い	低

いなければ売ることはできない。それでも何とかして売りたいという投資家が殺到すれば、株価は当然どんどん下落する。リーマンショックなどの金融危機がぼっ発した際、マーケットで商いが不成立になるのは、買い手が完全に引っ込んでしまうからだ。

マーケットの流動性リスクが高い投資対象の場合、ちょっとした売り買いによって価格が乱高下するケースもある。つまり価格変動リスクの高さにもつながっていくので、特に海外投資をする場合は配慮したい点のひとつだ。

だからこそ海外の投資商品で運用する場合は、流動性をしっかりチェックしておくことが肝心だ。詳しくは後述するが、たとえばランドバンキングなどは、投資してから数年間は、解約しにくい。また海外ファンドについても、あるファンドから他のファンドに乗り換える際に複数日を必要とするケースもある。この間にマーケットが大きく変動してしまうと、それだけで売買チャンスを逃してしまうことにもなるので、この点は注意が必要だ。

投資の基礎の基礎だけはしっかりと把握しておくこと

「海外投資」といっても、さまざまな投資商品がある。株式、債券、コモディティ、不動産などなど。これら投資商品の違いによって、価格変動リスクの性質も異なるので、海外投資をする際には、自分がどの程度リスクを許容できるのかということを把握する必要がある。

海外投資の場合、基本的には外貨建てでの投資になるから、いずれも為替変動リスクはある。これは前述した通りだが、**多くの人は為替変動リスクばかりに目を向けてしまい、その投資商品が持つ特性や固有の価格変動リスクには配慮していない**ケースが多いようだ。

特に注意をしたいのが、海外ファンドに投資する場合だろう。これは日本の投資信託を購入する場合も同じだが、過去の運用実績は気にするのに、なぜか自分の持っているファンドが、何に投資をしていてどういう値動きの特性を持っているのか、ということをまるで気にしないという人が多い。

かつて、ある外資系投資信託会社が、個人投資家にアンケートを行ったことがあった。アンケートの対象は、海外の債券を組み入れている毎月分配型ファンドを保有している個人投資家だ。

いろいろな質問項目があったが、私が特に注目したのは、次の質問だった。

「債券の利回りが上昇すると、ファンドの運用実績も上昇する」

これに対して実に7割以上の人が「はい」と答えていたのだ。

確かに、利回りが上昇するのだから、それを組み入れているファンドの運用実績も向上すると、一見思われるかもしれない。

しかし、本当は違う。**債券は、利回りが上昇するほど、市場で取引される債券価格が下落する**のだ。組入債券の償還までの残存期間にもよるが、基本的に債券の利回りが上昇すると、それを組み入れて運用しているファンドの運用実績は低下する。

これは、債券を組み入れて運用しているファンドを買う際に、投資家が把握しておかなければならない基本中の基本だ。そうであるにもかかわらず、この設問の正解を知っていたのは、わずか3割程度の投資家しかいなかったのである。

この一件からも、ファンドの中身を理解せずに投資している個人が、いかに多いかということがわかるだろう。債券を組み入れて運用するファンドを購入するならば、債券の価格変動がどういうものなのかということを理解するとともに、どの国の債券を組み入れているのか、その国の金利情勢はどうなのか、ということまで把握しておく必要がある。

同じく、株式を組み入れて運用するファンドであれば、どの国の株式市場に投資しているのか、その国の株価動向はどうなっているのか、といった点にも配慮しておくことが大切だ。

破綻リスクをグンと減らす さまざまな資産への分散投資

海外投資に限った話ではないが、破綻リスクには十分、注意する必要がある。

たとえば債券のなかでも、一般事業法人が発行している社債の場合、その企業の信用力が元利金の返済能力に大きな影響を及ぼす。財務内容の悪い企業の場合、発行した社債が償還を迎える前に元利金の支払いが滞る恐れがある。ましてや、発行企業が倒産ということになれば、社債はただの紙切れになるケースも考えられる。

一般的に企業が発行する社債に比べ、国が発行する国債のほうが高い信用力を得ているが、国債だからといって安心はできない。たとえば南米のアルゼンチンが発行した国債は、2001年に「デフォルト」といって、元利金の返済が滞ってしまう状況に陥ってしまった。

その後、さまざまな返済計画が検討された結果、アルゼンチン国債の購入者の93％が、2005年と2010年に、平均75％の元本カットを飲むことになった。つまり、1000万円投資していた場合、750万円分が減額され、購入者の手元には250万円しか返済されないわけだ。

投資した金額の4分の3が返済されないわけだから、投資家は大損を被ったことになるが、それでもまったく返済されないよりはましと考える投資家が大半を占めた。ただしアルゼンチン国債の一件において、7％の保有者が債務返済の交渉に応じず、アメリカの連邦最高裁がアルゼンチン政府に、この7％の保有者に対して全額返済することを命じたため、事態は再び混乱の様相を呈してしまう。

何しろ、この7％に対して全額返済を行ったら、すでに減額に応じた93％の保有者も、全額返済を求めてくる恐れがあったからだ。全額返済を求める7％の保有者と、これまで通り減額したうえで債務返済を継続したいアルゼンチン政府との交渉は平行線をたどり、事態は収拾しないまま現在に至っている。

つまり、**国債であってもデフォルトに陥るリスクはある**ということだ。したがって、債券を購入する場合は、発行体に元利返済能力があるかどうかを、しっかり確認する必要がある。

また、債券以外の有価証券についても、発行体の信用リスクには十分注意したほうがいい。たとえば**株式も、発行している企業が破綻すれば、ただの紙切れになってしまう**。

これに対して海外ファンドの場合、ファンドの資産は基本的に運用会社の資産とは切り離されて管理される「分別管理」を導入しているので、仮に運用会社が破綻したとしても、投資家の資産が紙切れになる心配はない。万が一、運用会社が破綻した場合は状況によって対応は異なるが、基本的には運用が停止された後、ファンドは解散。購入したユニット数に応じて投資金が戻ってくる。

ただし注意しなければならないのは、損失分まで返済されるわけではないということだ。

1000米ドルの資産の評価額が800米ドルになっていたところで運用会社が破綻。運用が停止された場合は、1000米ドルではなく800米ドルが償還金額になる。

こうした**破綻リスクで大損をしないようにするためには、さまざまな資産に運用資金を分散させておく**ことだ。特定の資産に集中投資すると、その資産がデフォルト、あるいは運用会社が破綻した場合、資金の多くを失ってしまうことになる。しかも分散投資は、破綻リスクに備えるためのものだけではない。価格変動リスクを軽減させる効果も期待できる。

価格変動リスクを軽減させるための分散投資は、株式と債券への分散が基本形になる。なぜなら、お互いに価格変動リスクをヘッジする値動きをするからだ。

たとえば株価が下落したとしよう。株価が下落するのは、企業業績の先行きに対して不透明感が強まっているからだが、マクロ的に見れば、景気の低迷に影響されている面もある。景気が低迷すれば金利は低下する。

つまり債券の利回りも低下して、債券価格は上昇する。結果、株価の下落分を、債券価格の上昇で補うことができる。

逆に、金利が上昇して債券価格が下落している局面というのは、たいがい、景気が良く、企業業績の先行きも強気になっているため、株価は上昇傾向をたどっているケースが多い。つまり、債券価格の下落分を、株価の上昇分で補うことができるわけだ。

このように、株価と債券価格は〝逆相関〟といって、反対の値動きをする傾向があるため、両者を組み合わせることによって、価格変動リスクを軽減させる効果が期待できる。

さらに言えば、**異なる国や地域の株式や債券に分散させるという手もある。**最近はグローバル化が加速した結果、異なる国・地域の経済的な結びつきが強まり、株価や債券も同じような値動きをするケースがあるが、長期的に見れば、国・地域の違いによって、株価や債券価格の値動きにも差が生じてくる。

実際、日本の株価が長期低迷しているなか、アメリカの株式市場は堅調に推移していた。同じ株式でも、日本とアメリカの株式に分散投資しておけば、2012年の夏場にかけて日本株が低迷している局面でも、アメリカ株の上昇によって十分にリターンを稼げたはずだ。

さらにいえば、金のような株価や債券価格とも連動しない資産を組み合わせることによって、価格変動リスクをさらに軽減させる効果も期待できる。運用できる資産をある程度持っているなら、国内外の株式、国内外の債券、不動産、金などのコモディティくらいには、資産を分散させておいたほうがいい。

それが結局、たとえ**特定の資産が焦げついたとしても、資産全体の保全を図る効果に結びついてくる**のだ。

第3章

海外銀行のスマートな使い方

海外銀行口座と外貨預金はまったくの別物と考えるべき！

海外投資の第一歩は、海外の銀行に口座を開くことから始まる、といっても過言ではない。というのも、そこが海外の投資商品で運用した際に入ってくる配当金、あるいは売却資金、償還資金などの受け皿になるからだ。

また、たとえば海外ファンドを積立投資する場合、その積立金を海外銀行の口座に預金しておき、そこから自動で引き落とされるようにすることもできる。クレジットカード決済で積立金を払い込むという手もあるが、この方法だと毎回1％という、思いのほか高いクレジットカード手数料を負担せざるを得ず、それがトータルのリターンに悪影響を及ぼすことになる。

ただ、海外銀行に口座を開くのと、日本の銀行で外貨預金口座を開くのとを、混同してはいけない。海外の銀行に口座を開設してお金を預ける際に利用する金融商品が、預金であれ何であれ、基本的には香港ドルや米ドルをはじめとする外貨建てになるため、日本のメガバンクの外貨預金口座にお金を預けるのと、どこが違うのかわからないという方もいるだろう。

また、そもそも、わざわざ海外の銀行に口座を開くメリットがまったくわからないという方もいる。

確かに、海外銀行に口座を開くためには本人確認を取らなければならないので、現地まで足を運ぶ必要がある。たとえば日本からもっとも近いアジアの金融センター、香港でも日本から飛行機で4時間半はかかる。そこまでの手間と時間をかけるメリットがどこにあるのかという点について疑問を感じるのも当然だろう。

それでも、海外の銀行に口座を持つメリットは確かにあるということを声を大にして言いたい。

そのメリットは、大きく分けて3つある。

第一は、海外投資のプラットホームが手に入ること。

日本の銀行で外貨預金口座を開いても、外貨で預金してそれで終わりだ。そこから先の展開は何もない。これに対して**海外の銀行口座は、さまざまな投資商品にお金を分散させることができる。**たとえばHSBC香港だと、外貨預金口座はもちろんのこと、各種ファンド、香港株式、ペーパーゴールドまでラインナップに含まれている。あくまで銀行だが、日本の証券会社のような品揃えを持っているのだ。

第二に、コストが安いこと。

円を香港ドルや米ドルに替える際の為替手数料は、日本の銀行で外貨預金などを行うときに適用されるものに比べて、はるかに安く設定されている。

たとえば米ドルの場合、日本の銀行で円から米ドルに両替すると、1ドルにつき1円の為替手数料が取られてしまう。逆に米ドルから円に替える際も1円が取られるので、往復で1ドルにつき2円の為替手数料が取られてしまうことになるのだ。

仮に1ドル＝115円だとしたら、2円の為替手数料は、実に1・7%ものコスト負担率になる。特に2008年のリーマンショック後は、アメリカをはじめとして各国ともに大幅な金融緩和を実施しているので、預金の利率は軒並み低下している。こうしたなかで1・7%ものコスト負担率は、やはり高いといわざるを得ないだろう。

この点、HSBC香港なら同じ取引を行っても、取られる手数料はわずかに10～20銭。**FX（外国為替証拠金取引）並みの低コストで外貨両替が行える**のだ。

第三は、これがもっとも重要な点だが、**日本の財政悪化にともなうリスクから、大事な**

資産を〝疎開〟させられること。

前述したように、日本の財政悪化は目を覆いたくなるばかりであり、このまま突き進むと財政破綻に陥る恐れがある。ほんの数年前、ヨーロッパでは「欧州債務危機」が問題になり、ギリシャをはじめスペインやポルトガル、イタリアなど南欧諸国の国債が大きく売り込まれたが、ユーロ加盟国の財政事情は日本に比べたらはるかにマシな状態だった。それでも債務危機が起こったのだから、日本だけがまったくの例外というわけにはいかないだろう。

もし、日本が財政破綻に追い込まれたら、銀行などに預けている個人の金融資産はどうなるのか。現在、日本の多くの銀行は、国内企業の資金需要が後退しているため、国債の購入に充てる資金をどんどん増やしてきた。

このように、銀行が国債投資に傾注していくなかで、日本国債がデフォルトに陥ったら、銀行預金そのものの信頼が揺らぐことになるだろう。こうした事態から大事な資産を守るためには、全財産の一部でもいいので、海外の銀行に移しておくことをお勧めする。そうすれば、仮に銀行が破綻したとしても、資産の安全性を確保できるのだ。

では、証券会社はどうなのだろう。確かに証券会社は売買の仲介業務がメインであり、証券会社が破綻したとしても、分別管理によって投資家の資産は保全される仕組みになっている。

しかし、証券会社が破綻したら、そこに預けてある株式や債券、投資信託などの売買注文が出せなくなってしまう。その結果、保有資産を半強制的に手放さなければならなくなるケースも生じてくる。特に投資信託などは、そのような事態に追い込まれるリスクが少なくない。

いずれにしても、日本が財政危機に陥ると、さまざまな形で保有資産に悪影響が及んでくる。だからこそ、**海外の銀行に口座を開き、資産の一部を疎開させる必要がある**のだ。

距離のデメリットを取るか、それともコストのデメリットを取るか？

このように、海外の銀行に口座を開いておけば、資産運用のプラットフォームとして活用できるだけでなく、日本の財政が危機的状態に陥った場合でも、大切な資産の一部を保全できる。それでも、なかにはわざわざ海外に出かけていき、口座開設の手続きを取るのが面倒だという人もいるだろう。

もちろん、海外の銀行に口座を開かなくても、海外投資はできる。ただし、それによって受けるデメリットは理解しておく必要がある。

仮に海外銀行に口座を開かなくても、たとえば海外ファンドの積立資金をクレジットカード決済で対応することも可能だ。しかし、この方法で一番の問題点は、コストが割高になってしまうということである。

クレジットカード決済を利用すると、クレジットカード会社の手数料を取られる。率にして1％だが、積立を行うたびに1％のコストを取られていたら、最終的に得られる運用のリターンは、大幅に低下せざるを得なくなる。チリも積もれば山となる。大したことがないと思ってしまいがちだが、実際、運用で1％のリターンを積み上げるのは、かなり大変なものだ。

確かに、海外の銀行に口座を開くために、わざわざ本人が現地へ行くのは手間と時間がかかる。いくら香港が日本から近いとはいえ、片道4時間半をかけて現地まで行くことに抵抗感を覚える人もいるだろう。しかし、海外銀行口座を開設せずに、海外ファンドの積立を契約した場合、一番損をするのは投資家自身なのだ。

なお、仲介業者によっては、香港での銀行口座開設を手伝ってくれるところもあるが、多くは旅費・宿泊費も含めて30万円というように法外な金額を吹っかけてくる。しかし、いくら何でも3泊4日くらいの行程で、そこまでの金額は必要ない。ファーストクラスで移動し、泊まる先は5つ星の高級ホテルというのであれば話もわかるが、大半の場合、飛行機はエコノミークラスで宿泊先もそれほど高級ではない。つまり、高額な旅費の大半は、不当に高い手数料で顧客の資産を食いつぶしている悪徳業者の懐に入るのだ。

特に**ここ4~5年、富裕層だけでなく、ごく普通の生活をしている人たちの間でも海外銀行口座を開設するという動きが、徐々にではあるが広がりつつある。**だからこそ、しっかり仲介業者選びを行うことが大切なのだ。

海外銀行口座を開く際にもっとも重視すべき条件とは何か?

では、実際に海外銀行に口座を開く場合、どの銀行を選べばよいのだろうか。いうまでもないが、海外には多数の銀行が存在している。わざわざ現地にまで出かけて口座を開く

世界中の金融機関が集まる香港のセントラル

のだから、使い勝手の悪いところには開きたくない。

たとえば香港だけでも、HSBC香港やシティバンクのように、世界的に支店網を持っている銀行もあれば、中国系の銀行、あるいは香港のローカル銀行などがある。当然、サービス内容も違うし、日本人の口座開設を認めてくれない銀行もある。これは、海外投資をするうえでの利便性にも深くかかわってくることだから、やはり口座開設先は慎重に選びたい。

では、どういう条件を満たせばいいのか。もっとも大事なことは、世界的な規模でビジネスを展開している銀行を選ぶことだ。現在、香港でビジネス展開をしている世界的な銀行といえば、ＨＳＢＣ香港、シティバンク、スタンダード・チャータード銀行の3行がメインになる。基本的には、この3行のいずれかを選んでおけば大丈夫だろう。

ただ、これはあくまでも私見だが、私自身が実際に使ってみて、**サービス面の充実度、各種コストの安さ、インターネットバンキングの機能面など、いくつかの要素から使いやすい海外銀行はどこかを考えていくと、やはりＨＳＢＣ香港がもっとも優れている。**海外投資を行う際のプラットフォームとして適しているのはもちろんのこと、預金の引き出しなどの利便性が非常に高いからだ。

私は年に数回、出張やプライベートの旅行などでいろいろな国を訪問するが、ＨＳＢＣのキャッシュカード1枚を持っていれば、現地の提携ＡＴＭで、簡単に現地通貨を引き出すことができるのだ。

これは実に大事なポイントだ。いくら海外投資で資産を増やすことができたとしても、それを使えなければ何の意味もない。「使う」ということを考えた場合、大事なことは、いつでもどこでも現金を引き出せる環境が整っていることだ。この点、世界中に提携ＡＴＭ網を持ち、キャッシュカード1枚で現地通貨を引き出すことができるＨＳＢＣ香港は非常に優れている。

なお、ＨＳＢＣ香港のキャッシュカードは、口座を開設したその場で受け取ることができるが、その際に忘れてはいけないのは、口座開設手続きが終了して銀行を出たら、近くにあるＨＳＢＣ香港のＡＴＭで、預けたお金の一部を引き出したり、あるいは残高照会を行ったりすること。これは「アクティベーション（カードの有効化）」といい、この手順を踏まないと、キャッシュカードは本来の機能を発揮しない。

その他にも注意点がある。香港以外の国・地域にあるＨＳＢＣの提携ＡＴＭから、現地通貨で現金を引き出せるようにするためには、一定金額を「香港ドル普通預金口座」に預けておく必要があるということだ。キャッシュカードは、香港ドル普通預金口座の残高を読みに行くので、各国の現地通貨で引き出す場合には、その場では現地通貨を手に入れ、ＨＳＢＣ香港の口座の履歴は、そのときの両替レートで換算した香港ドルの金額が、香港ドル普通預金口座から差し引かれることになる。

日本国内での現金引き出しは身近な銀行のATMでOK

海外の銀行にお金を預けるのはよいとして、問題は日本国内でその預金を引き出すことができるのかどうかということだ。多くの人は海外銀行に口座を作ったとしても、実際に生活しているのは日本なのだから、日本国内で現金を引き出すことができなかったら極めて不便だろう。

その点、HSBC香港の優れているところは、日本国内でも現金の引き出しが可能であること。HSBC香港のキャッシュカードは、「銀聯《ぎんれん》ネットワーク（中国を中心とする銀行間決済ネットワーク）」の提携ATMで使うことができる。日本国内の銀聯提携ATMは、「ゆうちょ銀行」「セブン銀行」「イオン銀行」「三菱東京UFJ銀行」「三井住友銀行」「みずほ銀行」と「京都銀行（一部）」。いずれかの銀行が身近に存在するはずだ。

もちろん多少の制約はある。ゆうちょ銀行とみずほ銀行のATMを除いて、基本的にATMの操作画面は日本語対応していない。その場合、表示を英語に変更し、「海外発行

ＡＴＭ」を選択したりし、案内にしたがって操作する。

ただし手数料はどうしてもかかってしまう。ＨＳＢＣ香港のキャッシュカードは、香港国内で現金を引き出す場合は、休日でも深夜でも手数料なしで現金を引き出すことができるが、香港以外の国で現金を引き出す場合は、所定の手数料が取られる。

気になる手数料の額だが、まず、ＨＳＢＣ香港側のＡＴＭ手数料として1回につき20香港ドルがかかる。２０１４年12月時点の香港ドル／円のレートは、1香港ドル＝15円前後なので、1回の引き出しに約３００円かかる。この他に、ゆうちょ銀行やセブン銀行のＡＴＭから引き出す場合、日本側のＡＴＭ手数料として1回につき１１０円かかる。つまり、1回の引き出しにかかる円建ての手数料は、総額で約４１０円になる。

ＨＳＢＣ香港の口座開設は実に簡単

では、実際にＨＳＢＣ香港にどのようにして口座を開くのか。実は、そのやり方は意外なほど簡単だ。誰の手も借りずに自力で口座開設することができる。

たとえば、投資情報サイトの「トレード×トレード」(http://www.trade-trade.jp/)にアクセスし無料の「トレトレ会員」になれば、「HSBC香港ラクラク口座開設キット」という書類を無料で取り寄せることができる。これに必要事項を記入したうえで、HSBC香港の支店まで出向き、パスポートと英文の住所証明書類を一緒に提出するだけだ。住所証明書類とは、現住所が記載された証明書のことである。国際運転免許証を取得するのがもっとも簡単な方法だろう。

銀行窓口で最初にお金を預ける際に、どの口座に預け入れるかを選択することになるが、基本的には香港ドル普通預金口座へ入れておこう。定期預金にしたい場合や他の通貨の預金にしたい場合は、いつでもインターネットバンキングを利用して振り替えることができる。

口座開設の手続きを済ませるまでの時間は30分程度。その間、簡単な質問をされることがある。たとえば、口座開設の目的を聞かれることもあるし、あるいは、香港にはどれくらいの頻度で来るのか、といった雑談程度の場合もある。英語が得意でなくても、これくらいは英語で答えられるようでないと、口座開設をしても使いこなせないだろうから、厳しいようだが口座開設をすること自体、考え直したほうがいいかもしれない。口座開設の手続きがすべて終了したら、あとは受け取ったキャッシュカードが使えるように、前述したアクティベーションを行うだけだ。

インターネットバンキングサービスを使いこなそう(1)
～ユーザー名、パスワードの設定方法～

キャッシュカードのアクティベーションが済んだら、次はインターネットバンキングのアクティベーションに挑戦しよう。海外の銀行口座にあるお金を動かすためには、インターネットバンキングの機能が必要不可欠だ。この作業は日本に帰国してからでも行えるので、焦らずに手続きをしよう。

まず、インターネットバンキングに必要な、「ユーザー名」と「パスワード」「第二パスワード」を登録する。いずれも任意なので、自分で覚えやすい言葉を使うようにしよう。ユーザー名は5文字以上、パスワードが6文字以上、第二パスワードは8文字以上になる。不正アクセスを防ぐためにも、いずれも英語と数字の組み合わせにしよう。

これらの設定をするためには、まずHSBC香港(http://www.hsbc.com.hk/)のサイトにアクセスする。

開いたサイトの左側には「Personal Internet Banking」という項目があり、その下の「LOG　ON」の右に「Register」という項目があるので、それをクリックする。

そうすると、登録画面が表示される。登録画面は全部で3ページ。1ページ目には、本人確認のため、キャッシュカードに印字された口座番号とキャッシュカードの暗証番号（ATM　PIN）、およびパスポート番号、インターネットバンキングで利用するメールアドレスを入力する。

これらを入力した後で「NEXT」をクリックすると、2ページ目の画面に移行するので、ここで「ユーザー名」「パスワード」「第二パスワード」を登録し、さらにパスワードを忘れたときに利用する簡単な質問項目も記入する。入力してからまた「NEXT」をクリックすると、3ページ目に移行する。

3ページ目の画面は利用規約が書かれているだけなので、目を通したら、その内容を承諾するためにボックスにチェックをつけて、「ACCEPT」をクリックする。最後に「Acknowledgement」と表示されたら手続き完了だ。そして、続けて「GO TO INTERNET BANKING」をクリックし、さっそくログインしよう。

ログイン後、「セキュリティデバイス」の送付を依頼するための手続きを必ず行おう。

HSBC香港オンラインの使いこなし術①

ユーザー名・パスワードの設定　1

●ログインはここで

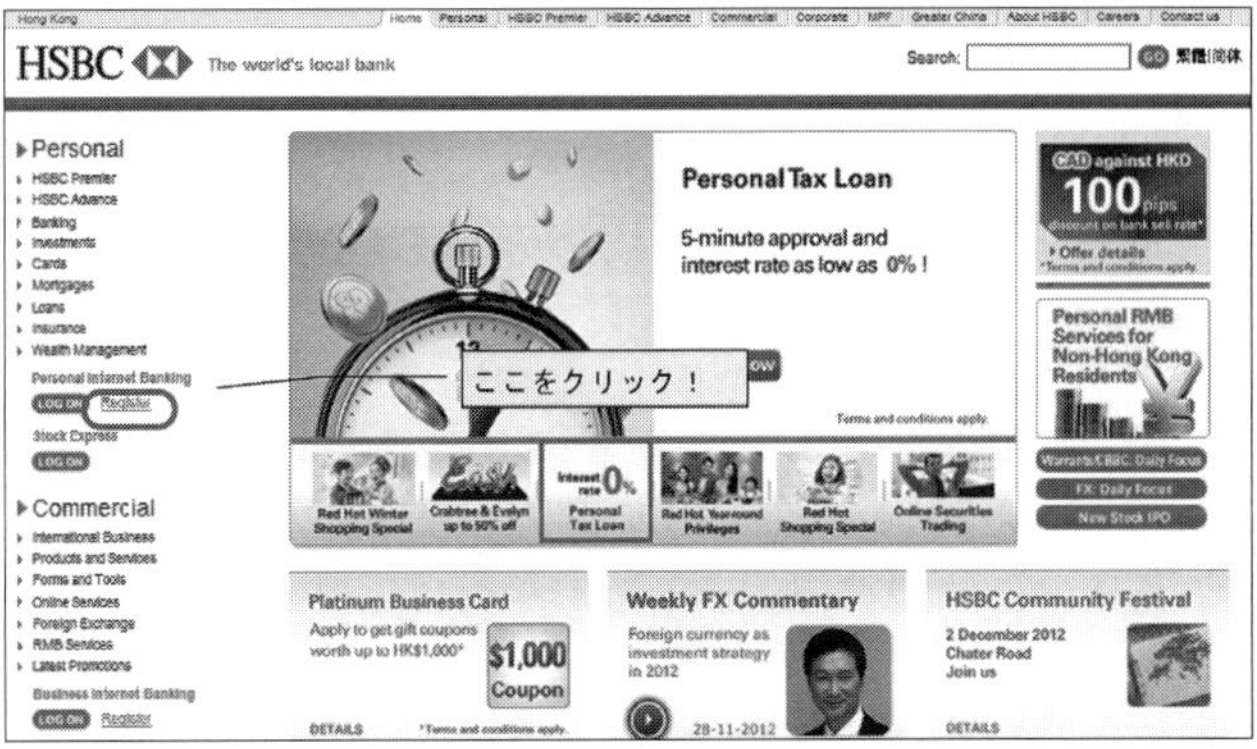

●口座番号などの登録

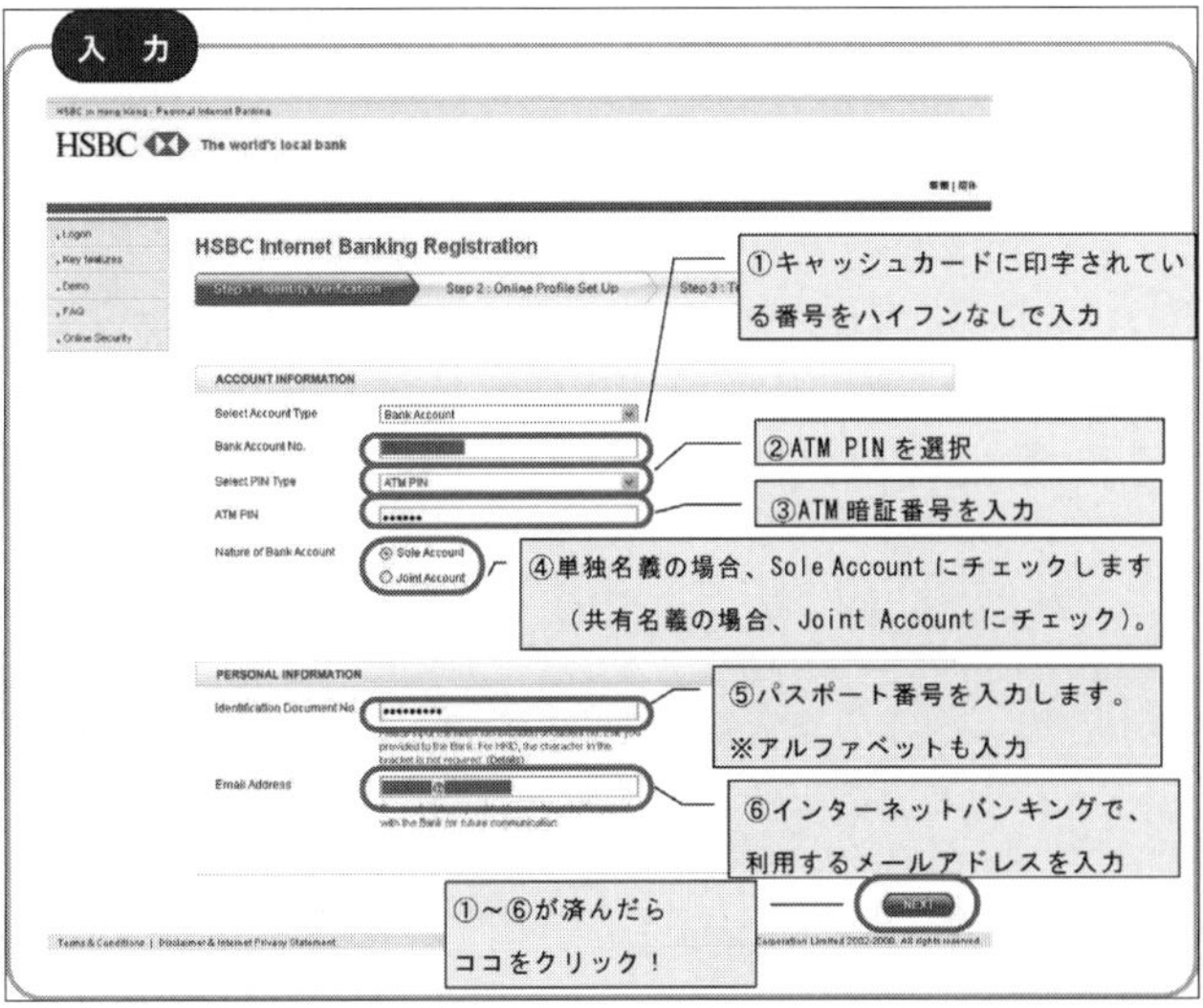

HSBC香港オンラインの使いこなし術②
ユーザー名・パスワードの設定 2

●ユーザー名・パスワードの登録

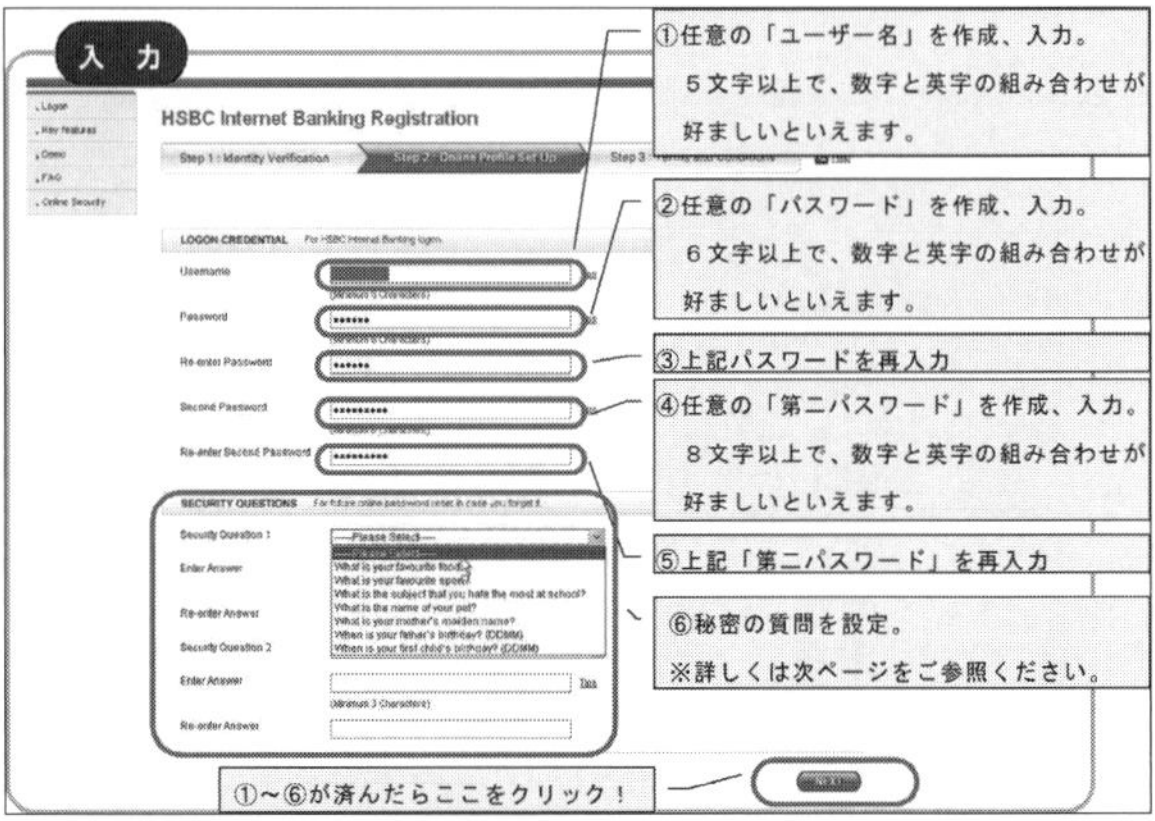

●利用規約の確認

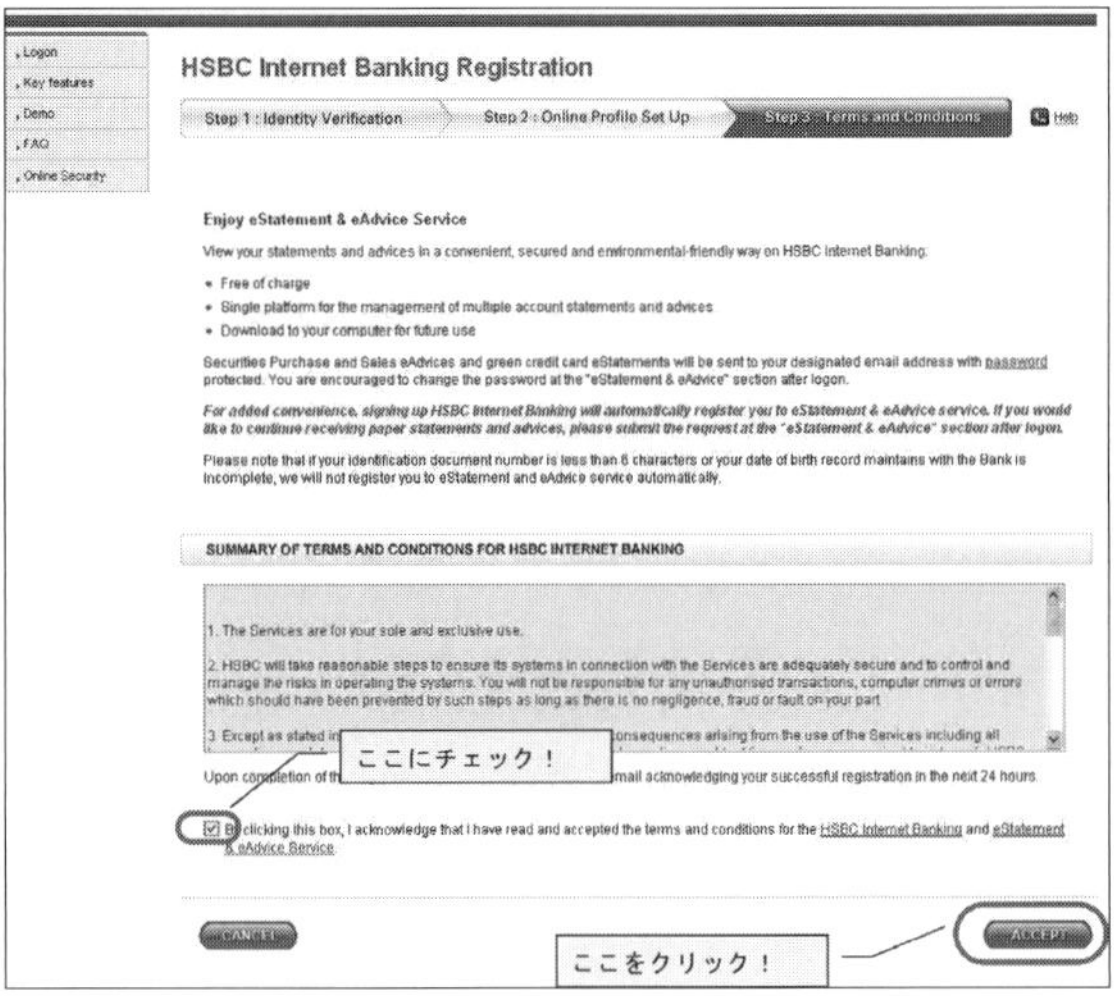

セキュリティデバイスがなくてもログインできるが、振込や投資取引、あるいは登録情報の変更などはセキュリティデバイスがないと手続きができないので、忘れずに依頼しておこう。

インターネットバンキングサービスを使いこなそう（2）～セキュリティデバイスの送付を依頼する～

セキュリティデバイスの送付を依頼するには、前述のユーザー名などの設定が終わった後、「GO TO INTERNET BANKING」をクリックしてログインする。ログイン後にトップページが表示されたら「Service Requests」をクリックし、画面が切り替わったら、画面内にある「Apply for Security Device」をクリックする。

すると、セキュリティデバイスの発送依頼の確認画面が表示されるので、「Confirm」をクリックする。この依頼を行ってから、実際に手元にセキュリティデバイスが届くまでには、7営業日程度かかる。ちなみにセキュリティデバイスは普通郵便で送られてくる。

セキュリティデバイスが送られてきたら、今度はセキュリティデバイスを使えるように

HSBC香港オンラインの使いこなし術③
セキュリティデバイスの発送依頼

●My HSBCでリクエスト

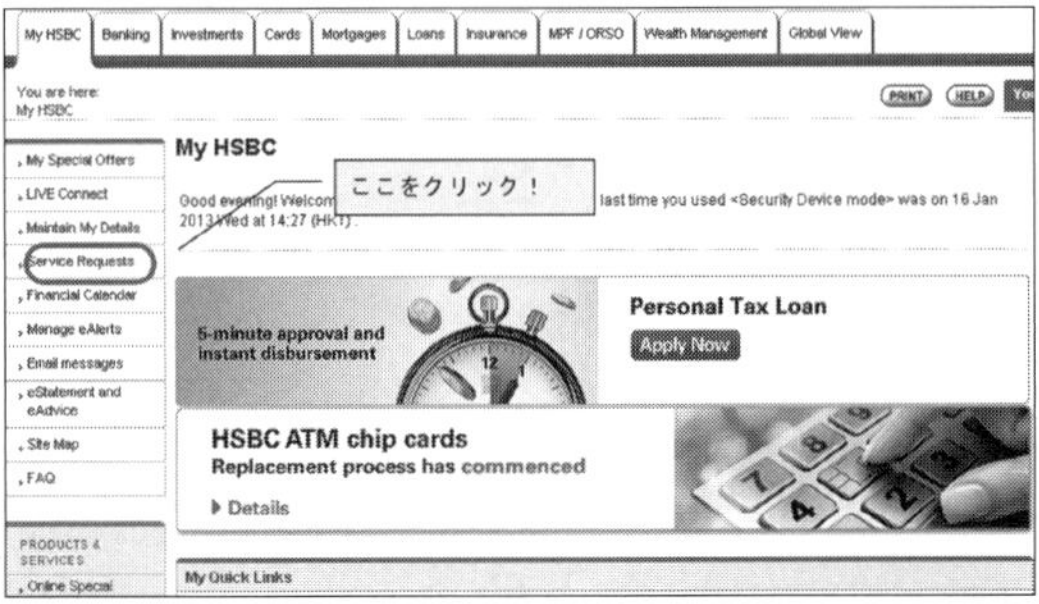

●Apply for Security Deviceを選択

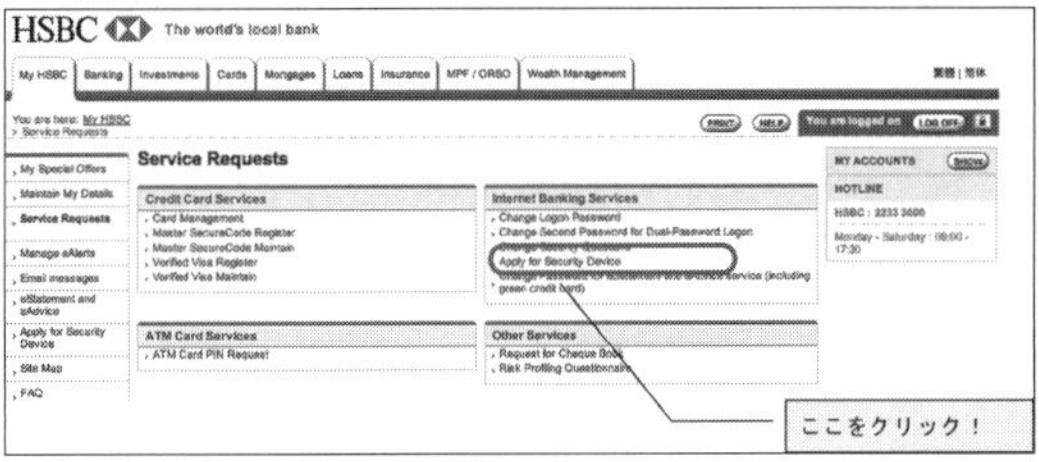

●発送手続きの完了

するふたつの手続きを行う必要がある。

ひとつ目の作業は、セキュリティデバイス自体にPIN（暗証番号）を設定することだ。まず、セキュリティデバイスの緑のボタンを2秒押すと、「NEW PIN」と表示される。ここで、任意の4〜6ケタの数字を入力し、黄色のボタンを押す。

すると「PIN CONF」と表示されるので、先ほど入力した数字を再度入力する。そして、画面に「NEW PIN CONF」と表示され、さらにその約2秒後に「HSBC」という表示が出たら設定は完了だ。

ふたつ目の作業は、セキュリティデバイスのアクティベーションだ。アクティベーションをするには、HSBC香港のサイトにアクセスしてログインする。

具体的には、まずHSBC香港のサイトにアクセスして、「Personal Internet Banking」の下にある「LOG ON」をクリックする。そうすると、インターネットバンキングの入口の画面へと移行するので、「ユーザー名」を入力し、「DUAL-PASSWORD」をクリックする。

「パスワード」のすべての文字と「第二パスワード」のうちの指定された文字を入力する。

第二パスワードは、パスワードの何番目の文字を記入する、というように指示があるの

HSBC香港オンラインの使いこなし術④
セキュリティデバイスの登録のやり方 1

●ログオンはここで

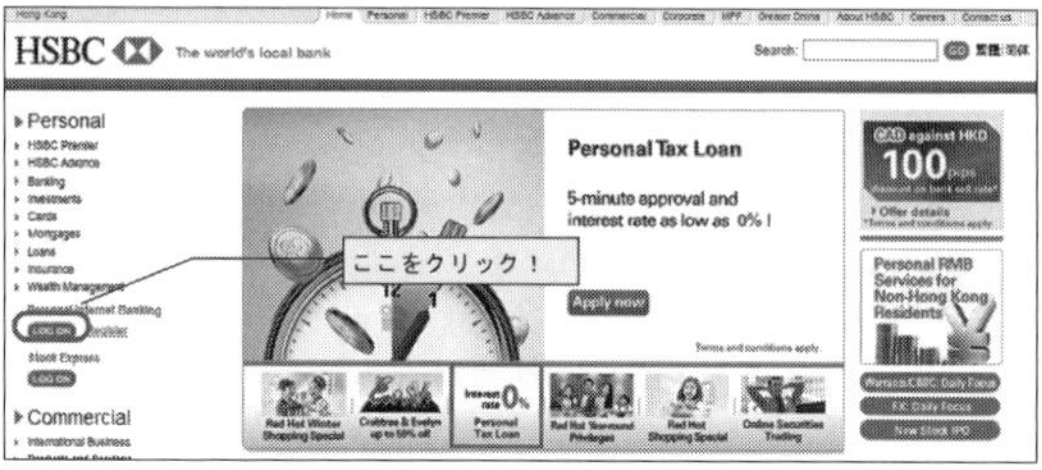

●ユーザー名の記入

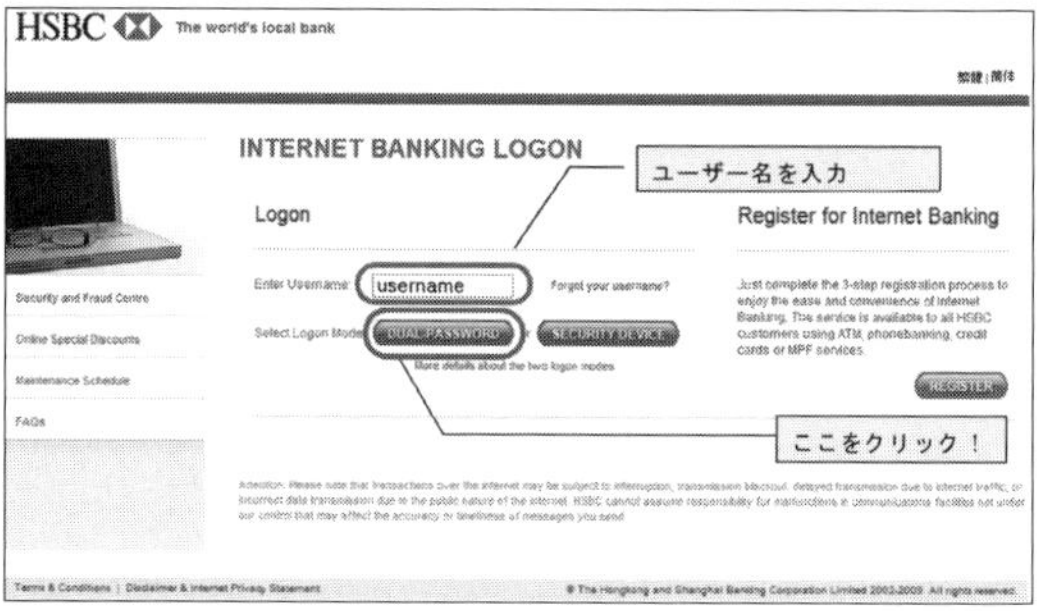

●パスワードの入力

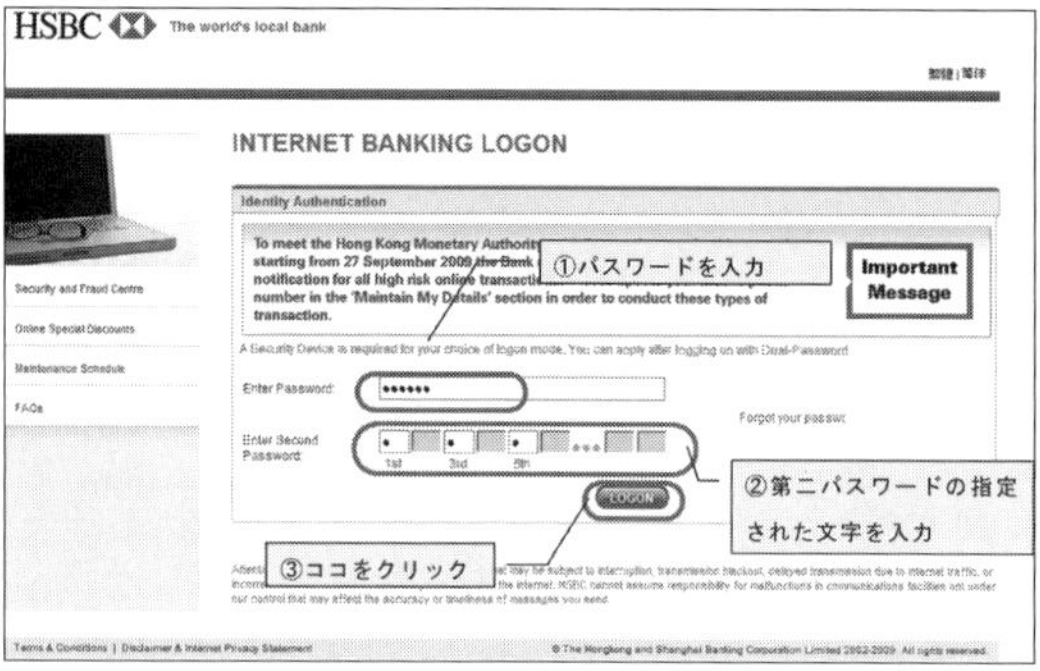

で、たとえば、「anshoudaini」が第二パスワードで、入力するパスワードの順番が1st、3rd、5thだとしたら、1stが最初の「a」、3rdが3番目の「s」、5thが5番目の「o」を入力する。

これらの入力が済んだら、「LOG ON」をクリックして、インターネットバンキングにログインする。

そして、表示された画面に沿って必要事項を入力する。この入力は、3つのステップで行われる。

STEP1は、HSBC香港に口座開設した際に登録した携帯電話の電話番号の下3ケタを入力すること。

STEP2は、届いたセキュリティデバイスを裏返して、バーコードの下に記載されている番号を、画面の「Serial Number」に入力すること。

STEP3は、セリュリティデバイスを操作して表示されたセキュリティコードを入力することだ。

セキュリティデバイスの緑のボタンを2秒押し、設定済みのPINを入力すると、「HSBC」という表示が出るので、ここで再度、緑のボタンを軽く押すと、6ケタの数

HSBC香港オンラインの使いこなし術⑤
セキュリティデバイスの登録のやり方 2

STEP1
インターネットバンキングにログインした後、口座開設時に登録した携帯電話番号の下3ケタを入力する

STEP2
セキュリティデバイスの裏に記載された番号を、画面上の「Serial Number」を入力する

STEP3
セキュリティデバイスの緑のボタンを2秒押し、設定済みのPINコードを入力。「HSBC」という表示が出た後、再度緑のボタンを押すと、6ケタのセキュリティコードが表示される。それからインターネットバンキング画面右下の「Continue」をクリックする

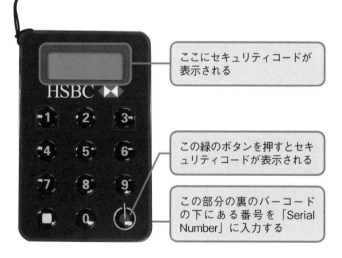

ここにセキュリティコードが表示される

この緑のボタンを押すとセキュリティコードが表示される

この部分の裏のバーコードの下にある番号を「Serial Number」に入力する

字が表示される。これがセキュリティコードだ。

こうしてSTEP1からSTEP3までの入力を完了したら、右下の「Continue」をクリックする。

以上の手続きが終わると、携帯電話にショートメールが送られてくる。届いたショートメールに記載されている6ケタの数字を現状の画面にあるボックスに入力し、再び「Continue」をクリックすると、セキュリティデバイスの登録が完了する。

なおショートメールを使うことができない携帯電話の場合には、HSBC香港のホームページから書類をプリントアウトして、それに必要事項を記入し、郵送するという方法をとることもできる。この場合、設定までに2週間くらいの時間を必要とするので、2週間程度が経過したら、インターネットバンキングにログインして、作動するかどうかを確認しよう。

インターネットバンキングサービスを使いこなそう（3）
～登録後のログイン方法～

これで、インターネットバンキングを利用するのに必要な登録作業はすべて完了だ。

ところで、インターネットバンキングの登録が済んだ後、なかにはつい使うのが面倒になって、何もしないで放置したままというケースがある。しかし、インターネットバンキングを長期間まったく利用していないと、ログインできなくなることがある。

したがって、入出金や資金移動、あるいはＨＳＢＣ香港の口座で金融商品などを購入するという場合以外でも、1カ月に1回くらいはログインしておいたほうがいい。一度、ログインできなくなると、ＨＳＢＣ香港へ電話をして英語で事情を説明したり、または、せっかく登録したインターネットバンキングを取り消して、再度、一から設定しなければならない。

ユーザー名やパスワードについても、続けて何度も間違って入力をすると、ブロック機能が働いて、ログインできなくなる。ブロックを解除するためには、ＨＳＢＣ香港へ電話

HSBC香港オンラインの使いこなし術⑥
ログイン方法

●ユーザー名の記入

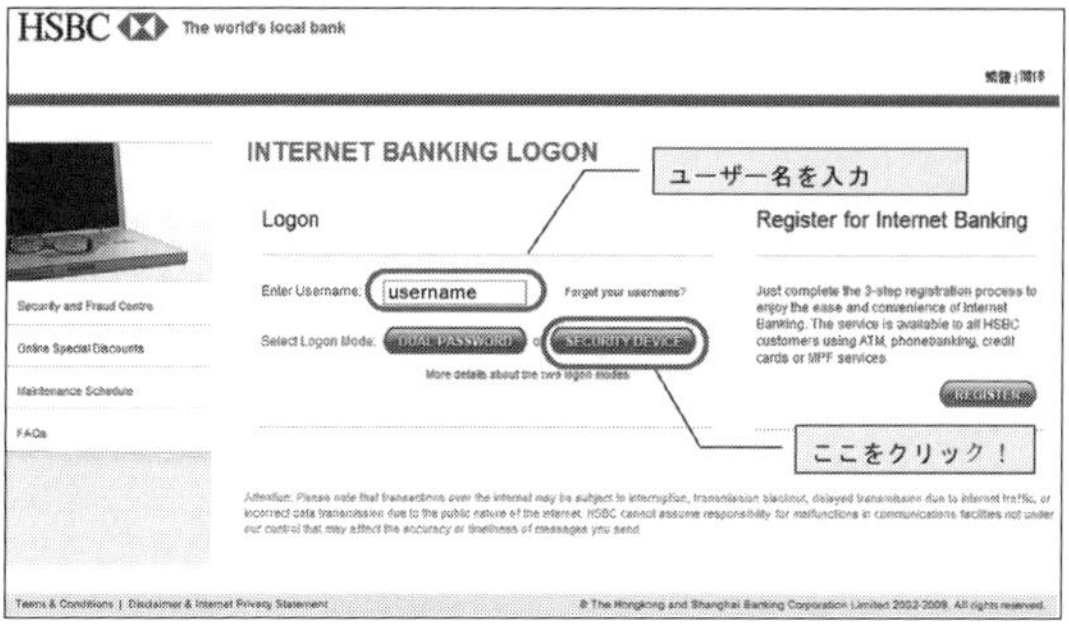

●パスワードとセキュリティコードの入力

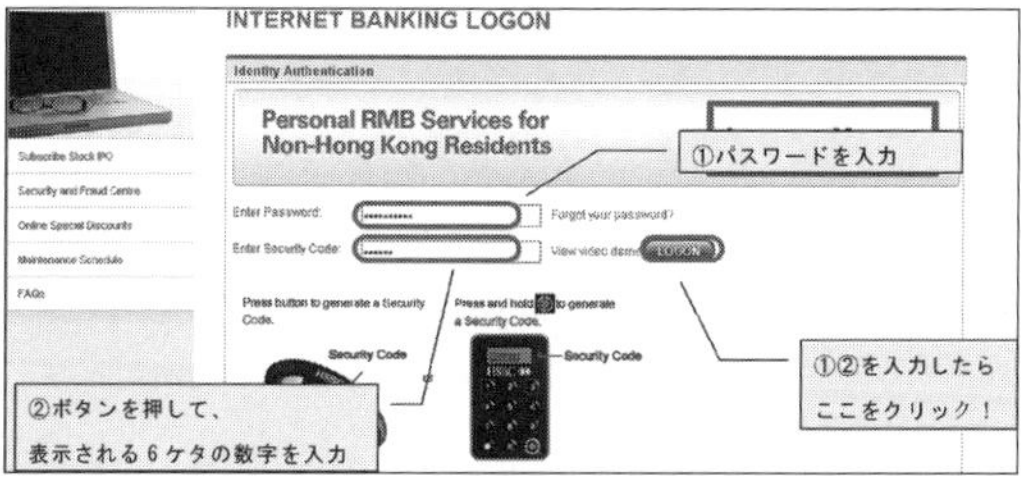

●My HSBC画面に移動

しなければならないので、2回連続で間違った場合は、日付が変わってから再びログインするようにしよう。

セキュリティデバイスを使ってログインするためには、HSBC香港のサイトにアクセスし、「Personal internet Banking」の下の「LOG ON」をクリックする。次の画面で登録した「ユーザー名」を入力した後、「SECURITY DEVICE」を選択する。次の画面では、パスワードと、セキュリティデバイスに表示される6ケタの数字「セキュリティコード」を入力する。これで「LOG ON」をクリックすれば、インターネットバンキングの画面が開く。

インターネットバンキングサービスを使いこなそう（4）～海外送金の方法～

海外ファンドの積立資金を、HSBC香港の口座から引き落とすようにした場合、ひとつだけ問題が生じてくる。それは、積み立てていくうちに、引き落とし口座となるHSBC香港の口座残高が減っていくことだ。最初に1万米ドルを預けていたとしても、月500米ドルの積立を継続していくと、20カ月後には残高がゼロになってしまう。残高がゼロになったら、それ以上の引き落としができないので、積立そのものがストップしてしまうのだ。

そうならないよう、事前にHSBC香港の口座に、積立資金を追加入金しておかなければならない。定期的に香港に出かける人なら、その都度、現金を持っていき、口座に入金しておくこともできるが、恐らく多くの人はそう頻繁に香港へ行くことはないだろう。その場合は海外送金を用いて、HSBC香港の口座に積立資金を入金する必要がある。

近年、実に多くの海外送金サービスがあるので、自分に合うものを探してみることをお勧めする。ただし、信頼できる会社が運営しているサービスを選ぶほうが、当然よい。手数料もさまざまだが、その安さだけで選ぶのは個人的にはお勧めできない。

そこで、ある程度長くサービスを提供していて、信頼できるものを3つ紹介する。「一般の日本の銀行からの海外送金」「ゆうちょ銀行の国際送金」「Ｇｏレミット新生海外送金サービス」がそれだ。

では、これらのうちのどれを選ぶのが得策だろうか。これらの運営会社はいずれも信頼できるので、コスト面から比べてみる。

まず、もっともコストが高いのは一般の日本の銀行からの海外送金である。1回の送金につき7000～1万円程度の手数料が取られる。定期的に送金をする前提であれば、他の方法を選ぶほうがよいだろう。

ただし、いつも利用している銀行の支店で手続きができるので、めったに送金するつもりがないのであれば、一般の銀行から送金するのがもっとも簡単だ。通貨はいろいろ選べるが、日本円のままで送金して、HSBC香港の日本円口座で受け取ると、日本の銀行で両替手数料を取られなくて済む。

次にゆうちょ銀行の国際送金。1回の送金にかかる手数料は2500円なので、一般の銀行に比べると送金手数料そのものは割安だ。

しかし問題は、米ドルしか対応していないこと。日本から香港へ送金する場合、ゆうちょ銀行で円を米ドルに両替したうえで、HSBC香港の口座に米ドルで送金する。そのため、送金手数料自体は割安だが、日本円から米ドルに両替する際の為替手数料が上乗せされる。また、1回の送金限度額は5万米ドルとなっており、それ以上の金額を送金する場合は、2回に分けて手続することになるため、手数料も当然2回分発生する。

一般の銀行でもゆうちょ銀行でも、これらの手続きをするためには、窓口まで出向き、そこで必要事項を記入するといった作業を行う必要がある。わずらわしいのは事実だが、ゆうちょ銀行の場合、送金手数料が安いので、送金方法としては比較的お勧めだ。なお、地方銀行の場合、海外送金サービスを扱っていないケースもあるので、事前にチェックしておいたほうがいいだろう。

一方、新生銀行が提供している「Ｇｏレミット新生海外送金サービス」も、一般の銀行より割安だ。

このサービスのメリットは、わざわざ銀行の窓口まで行って送金手続きをしなくても、日本国内のＡＴＭやインターネットバンキングを用いて、指定した海外口座へお金を振り込めることだ。ただし、利用する際には、事前にメンバーになり、指定振込先を登録する必要がある。

Ｇｏレミット新生海外送金サービスの登録は、オンラインで簡単に申し込むことができる。新生銀行のサイトにアクセスした後、「オンライン申込」から必要事項を入力し申込用紙を印刷したら、それに署名と日付を記入。その申込用紙に加えて、指定の本人確認書類を新生銀行に郵送するだけだ。通常1週間から10日程度で登録完了通知が新生銀行から送られてくる。その時点から海外送金サービスが利用できるようになる。手数料も金額にかかわらず1回につき2000円で、これに送金額の0・1％（最低額1500円）の円為替手数料が加算される。つまり最低3500円で海外送金できるのだ。送金できる通貨は12種類だ。

かつては、HSBCの日本法人で個人向けサービスが行われており、そこを通じて送金するのがもっとも有利だったが、残念ながら今は個人向けサービスは行われていない。

海外や日本でスムーズに現金を引き出すやり方とは？

HSBC香港の口座に預けた現金を引き出す方法はいくつかあるが、ここでは、ATMを利用して現金を引き出す方法について、流れに沿って説明していきたい。

(1)香港のATMで「香港ドルを引き出す」場合

香港の街中には、さまざまなところにATMが設置されている。そこで香港ドルを引き出す場合は、次ページの図の手順に沿ってATMを操作する。

香港のATMでの香港ドルの引き出し方

【1】 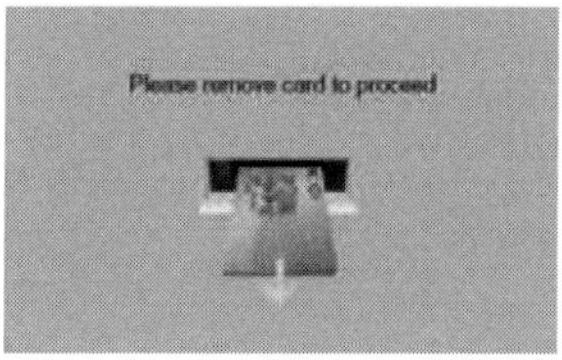	HSBC 香港のキャッシュカード （ATM カード）を挿入する
【2】 PIN	PIN（暗証番号）を入力し、 「Enter」を押す
【3】 「Withdrawal」現金の引き出し 「Deposit」　現金の預け入れ 「Transfer」　口座間振替 「Other services」その他	「Withdrawal（引き出し）」を選択
【4】 口座番号の種類 普通預金「???-??????-833」 当座預金「???-??????-001」	現金を引き出す口座（HKD Savings）を選択 ※HSBC プレミアの普通預金は「-888」
【5】 Amount	Amount（引き出し金額）を入力し、 「Enter」を押す
【6】 「Do you need customer advice?」 （明細が必要ですか？）	「Yes」明細あり 「No」明細なし どちらかを選択する
【7】 Take card	「キャッシュカード（ATM カード）を取り出す」を押し、カードを取り出す

キャッシュカード（ATM カード）を引き抜くと、現金が出てくる

香港のATMでの日本円の引き出し方

【1】	HSBC 香港のキャッシュカード (ATM カード) を挿入する
【2】 PIN	PIN (暗証番号) を入力し、 「Enter」を押す
【3】 「CNY」人民元 「JPY」日本円 「USD」米ドル 「EUR」ユーロ	出金する通貨「JPY」を選択
【4】 口座番号の種類 (JPY)「???-??????-833」 (HKD)「???-??????-833」	現金を引き出す口座 (JPY) を選択 (JPY)「???-??????-833」 日本円普通口座 (HKD)「???-??????-833」 香港ドル普通口座 ※HSBC プレミアの普通預金は 「-888」
【5】 Amount	Amount (引き出し金額) を入力し、 「Enter」を押す
【6】 Check balance & take card Print advice & take card Check balance, print advice & take card Take card	「残高を確認、カードを取る」 「明細を印刷、カードを取る」 「残高を確認、明細を印刷、カードを取る」 「カードを取る」 いずれかひとつを選択すると、 現金とカードが出てくる

キャッシュカード (ATM カード) の取り忘れに注意

(2)香港のATMで「日本円などを引き出す」場合

香港内に外貨を引き出せるATMは数台しか設置されていないが、もし必要があればATMが見つかれば、「香港ドル以外」の外貨の現金を引き出すこともできる。事例として日本円を引き出す方法を86ページの図で見ていきたい。

(3)国内の銀行のATMで引き出す

前述したように、銀聯ネットワークの提携ATMで引き出すことができる。日本国内の銀聯提携ATMは、「ゆうちょ銀行」「セブン銀行」「イオン銀行」「三菱東京UFJ銀行」「三井住友銀行」「みずほ銀行」と「京都銀行（一部）」だ。

ゆうちょ銀行とみずほ銀行なら、日本語のままで操作できるが、その他の銀行では、英語や中国語など日本語以外の画面で操作をする。特にみずほ銀行は、引出だけでなく残高照会もできるのでお勧めだ。ATMの最初の画面の「銀聯のロゴ」を選択するだけで、その後の操作も日本語でできるので、迷うことなく利用できる。ゆうちょ銀行でも引き出しはできるが、残高照会はできない。

セブン銀行や海外のATMでの現金の引き出し方

<table>
<tr>
<td>
</td>
<td>「カードを挿入してください」

HSBC 香港のキャッシュカード
（ATM カード）を挿入</td>
</tr>
<tr>
<td>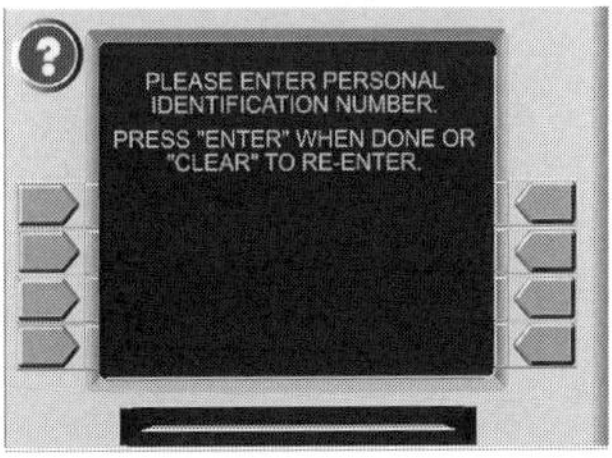
</td>
<td>「PIN（暗証番号）を入力してください」

PIN を入力する
※HSBC 香港の暗証番号は 6 ケタ</td>
</tr>
<tr>
<td>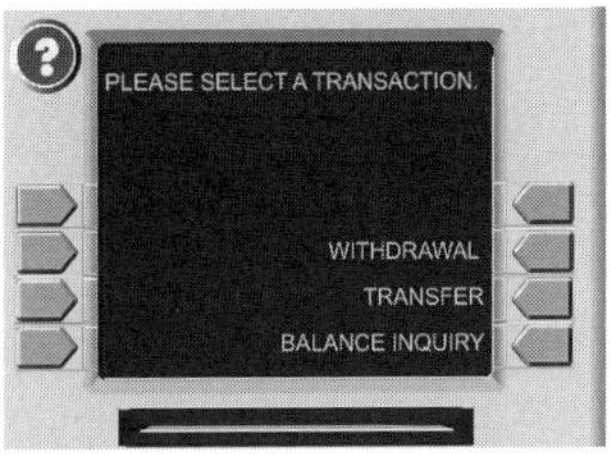
</td>
<td>「お取引を選択してください」

「WITHDRAWAL（引き出し）」を選択
「TRANSFER（振込）」は選択できない
「BALANCE INQUIRY（残高照会）」
※セブン銀行では残高照会ができる</td>
</tr>
<tr>
<td>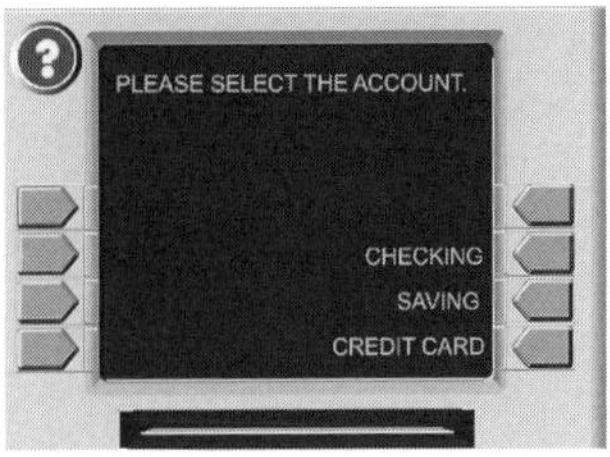
</td>
<td>「口座を選択してください」

「SAVING（普通預金）」を選択

「CHECKING（当座預金）」
「CREDIT CARD（クレジットカード）」
このふたつは選択できない</td>
</tr>
</table>

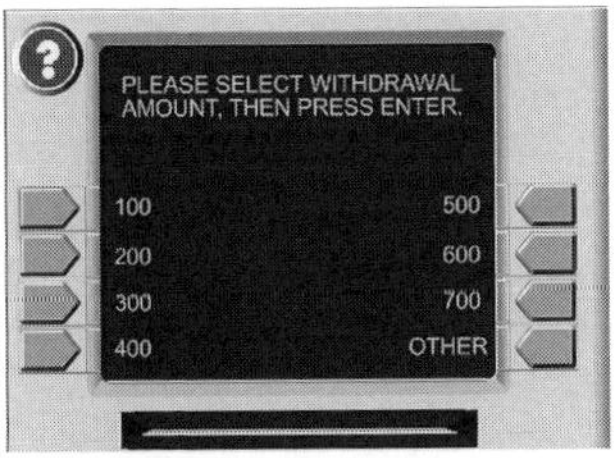

「引き出し金額を選択し、
ENTERを押してください」

引き出し金額を選択、または入力

表示されている金額から選ぶか、
「OTHER」を選択して数字を入力する

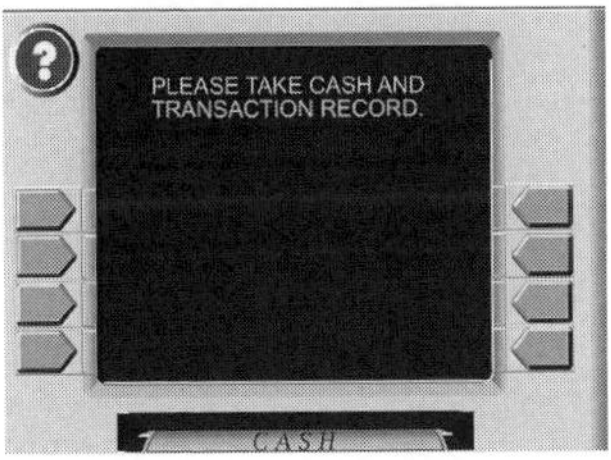

「カードと利用明細をお取りください」

現金、利用明細、カードが出てくる

明細書には、引き出した金額のみが印字されている。口座残高や手数料は印刷されない

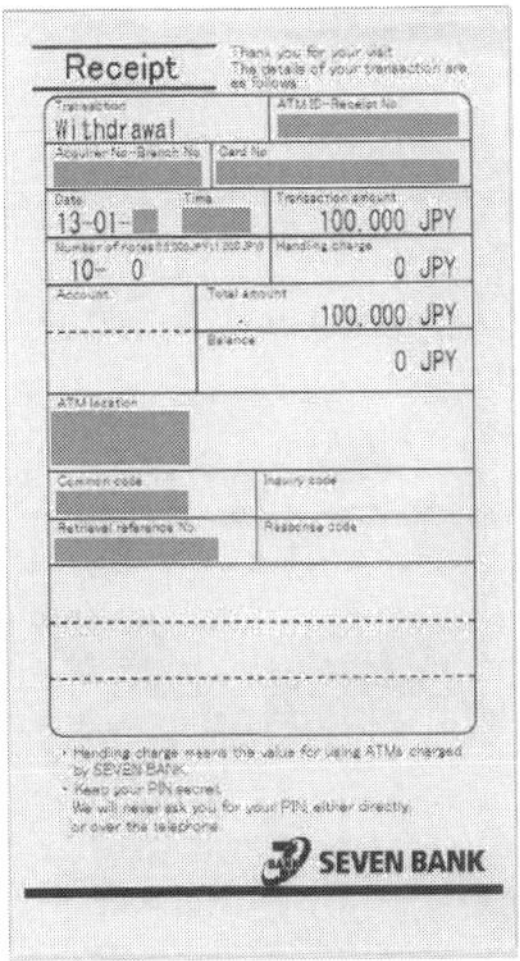

「セブン銀行の利用明細」
明細に記載されているのは以下の通り

Transaction＝お取引
Withdrawal＝引き出し
Transaction Amount＝お取引金額
100,000JPY＝100,000円

その他のＡＴＭは、それぞれ利用の手順に違いがあるものの、最初に言語選択で英語を選べば、あとは画面の指示に従って操作して引き出すことができる。ただし、最初に言語を選択しないと、「このＡＴＭカードは取扱いできない」といったエラーメッセージが表示されるので、ご注意を。

ちなみに、日本に住んでいる人がＨＳＢＣ香港で口座開設を行った場合、日本円のまま預けている人も多いと思う。

しかし、日本のＡＴＭで日本円を引き出す場合には、香港ドル普通預金口座から現金が引き出されるため、香港ドル普通預金口座に残高がないと、ＡＴＭで日本円を引き出すことができない。

また、海外ファンドで運用した償還資金、解約資金、配当金なども、たとえば米ドルでＨＳＢＣ香港の口座に振り込んでもらった後、ＡＴＭで現金を引き出す場合には、香港ドル普通預金口座に両替しておこう。

なお初めて両替する通貨の手続きは、ＨＳＢＣ香港の営業時間内に行う必要があるが、2回目以降は、原則24時間両替が可能だ。ここでは具体例として、日本円の普通預金から香港ドル普通預金に両替する手順を次ページの図で説明しておこう。

HSBC香港オンラインの使いこなし術⑦
24時間両替サービス

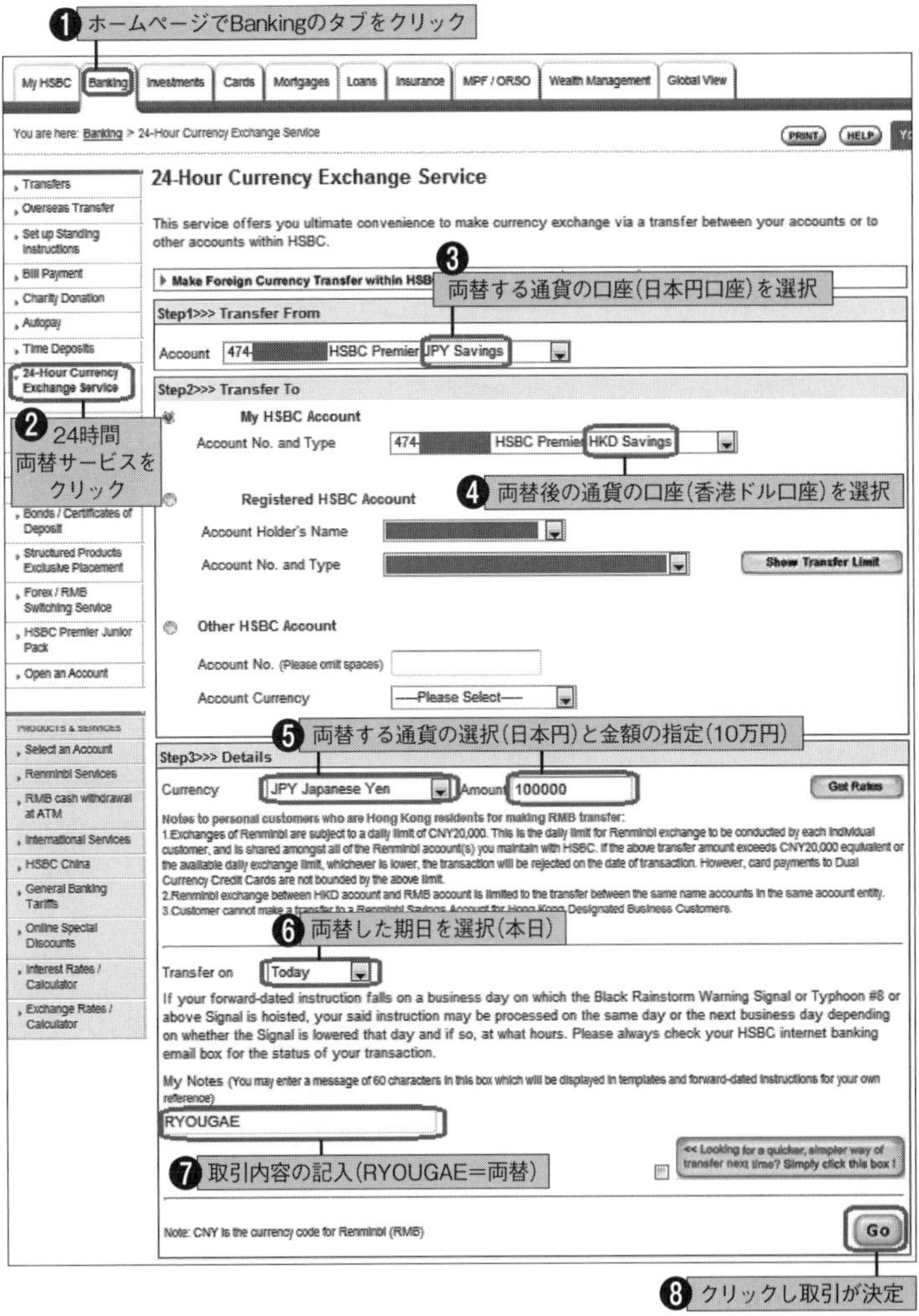

第4章

知って安心！
海外ファンド選びのコツ

信用力の高い海外ファンドで長期にわたる資産運用を目指す

これから説明していく「**海外ファンド」とは、日本国内の金融機関が扱っている海外市場に投資している投資信託とは、まったくの別物**だ。

日本の投資信託の場合、投資先は海外でも、ファンドそのものは日本国内で設立され、運用されている。しかし、本書でいう海外ファンドは簡単にいえば、海外で運用されているファンドのことである。日本国内ではなく海外に設立されており、海外市場に投資している。日本の金融機関では扱われていないため、この手のファンドに投資するためには、海外の投資顧問会社などを通じて契約を結ぶ必要がある。

ファンドとは、要は大勢の人たちからお金を集め、世界中の株式や債券、コモディティ、先物市場、オプション市場などで運用する。その意味では、日本の投資信託と似ているところもある。

一例として、カナダのサンライフ社が提供する「ファンドラップ口座」を中心に説明していこう。

このサンライフ社は、カナダでは非常に歴史のある生命保険会社で、創業は１８６５年。世界経済フォーラムで、今年まで4年連続（この10年で8回）「Ｇｌｏｂａｌ１００：世界でもっとも持続性のある企業１００社」に選ばれている。それだけ信用力が高いということであり、その格付けは、Ｓ＆Ｐで「ＡＡ－」、ムーディーズで「Ａａ３（ダブルエースリー）」だ。

海外ファンドによる運用というのは、やはり長期にわたるものなので、ファンドの運用会社が倒産して運用が停止されるような事態は、当然避けたい。そのためにも、信用力の高さは重要だ。

ファンドラップには、複数のファンドが用意されている。用意されているファンドは、世界中の著名な投資会社が運用しているもので常時70本以上。これらのファンドを組み合わせてポートフォリオを組む。また**運用期間中に、投資しているファンドを入れ替える場合のスイッチングも無料**で行うことができる。

サンライフ社のファンドラップの優れた点は、短期間でスイッチングができるという点だ。通常、「Ｔ＋５」といって、スイッチングの指示から5営業日目にその結果が反映されるファンドラップが多いなか、サンライフ社のファンドラップは「T＋1」という短期間でスイッチングが完了する。スイッチング指示の翌営業日に結果が反映されるのと、5営業日目にようやく反映されるのとでは、損益に大きく影響する。当然、スイッチングまでの期間は短いほどいい。

投資期間は契約者の希望に応じて選ぶことができる。具体的には5年、10年、15年、20年、25年のうちいずれかを選択する。とはいえ、ファンドラップは長期運用型の商品なので、できれば10年以上の運用期間から選びたいところだ。高齢者でも加入できるが、若いうちから資産運用したほうが、複利運用のメリットを享受できるので、なるべく20、30代のうちからある程度長めの契約期間で始めたほうがいいだろう。

ただし、流動性は若干悪くなる。これは注意しておいたほうがいい。日本の投資信託は原則としていつでも中途解約できるが、ファンドラップの場合、積立開始から一定期間の「初期積立期間」に積み立てた額については、中途解約した場合、高い解約手数料がかかってしまう。初期積立期間は12〜27カ月と決して短くはない期間なので、ライフプランをしっかり考えたうえで、積立金額や契約期間を決めたほうがいいだろう。

意外なほどあっさりと終わる海外ファンド投資の手続き

サンライフ社をはじめとするこの手のファンドラップは、独立系ファイナンシャル・アドバイザー（ＩＦＡ）と呼ばれている人たちを仲介して販売されるのが一般的だ。

ＩＦＡとは、ライセンスを取得して、顧客に対して資産運用アドバイスなどを行っている、いわば資産運用のプロフェッショナルのこと。もちろん、運用だけではなく、なかには税務、企業会計などに関して高い専門知識を持っている優秀な人材もいる。香港で資産運用をする場合、非常に力強い味方になってくれるはずだ。

海外ファンドの購入手続きは、まず紹介代理店を経由して、ＩＦＡと契約を結ぶことからスタートする。具体的な手順を説明していこう。

基本的にＩＦＡの契約とＨＳＢＣ香港など海外銀行口座の開設手続きは、紹介代理店を通じて同時並行に進められる。まず、自分のパスポートと国際運転免許証のコピーを取り、仲介業者を通じて、それを香港のＩＦＡに送っておく。そうすれば、香港に行って投資商品の契約や銀行口座を開設する際の手続きがスムーズに運ぶ。

前述の通り、日本での事前準備はその程度だ。そして現地に向かい、まずは前章で説明したようにHSBC香港などの銀行口座を開設する。

続いてIFAの事務所に行き、ファンドラップの加入手続きを取る。手続きをする前には、必ずIFAからリスク事項も含めて、商品の説明を受けることになる。この手順を踏むことが、香港証券先物委員会（香港SFC）のルールとして定められているからだ。恐らく、銀行口座開設から商品説明を受け、実際に契約手続きが終了するまでには、3時間程度は見ておいたほうがいい。

正直、香港に行ってからの手続きは、意外なほどあっさりと終わる。海外ファンド投資というと、誰もが非常に手続きが大変だと思い込んでいるようだが、よく考えてもらいたい。現地の人たちは、日本人が日本国内の銀行で預金をするのと同じ感覚で、こういった投資会社を利用しているのだ。そんなに手続きが難しいはずがないのである。

底値がわからないからこそ積立によるドルコスト平均効果に注目！

海外ファンドを購入する場合、まとまった資金で一括投資するのと、毎月少額資金を積立投資するのと、どちらが有利なのかということだが、これはタイミング次第ということだろう。

一括投資のいいところは、投資したタイミングが底であれば、以後の上昇トレンドのなかで収益が非常に大きくなる可能性があるということだ。

そうすると、一括投資のほうが有利ではないかと考えてしまいたくなるが、ひとつだけ大きな問題点がある。それは、今の値段が底値として適正かどうかが、誰にもわからないということだ。

これが株式の個別銘柄であれば、PER（株価収益率）やPBR（株価純資産倍率）といった株価指標を用いることによって、現在の株価が、フェアバリューから見て割安かどうかを判断することができる。つまり株式であれば、割安と判断されたところで一括投資

ドルコスト平均法の一例
～毎月1万円分購入と毎月1万口購入のどちらがお得か～

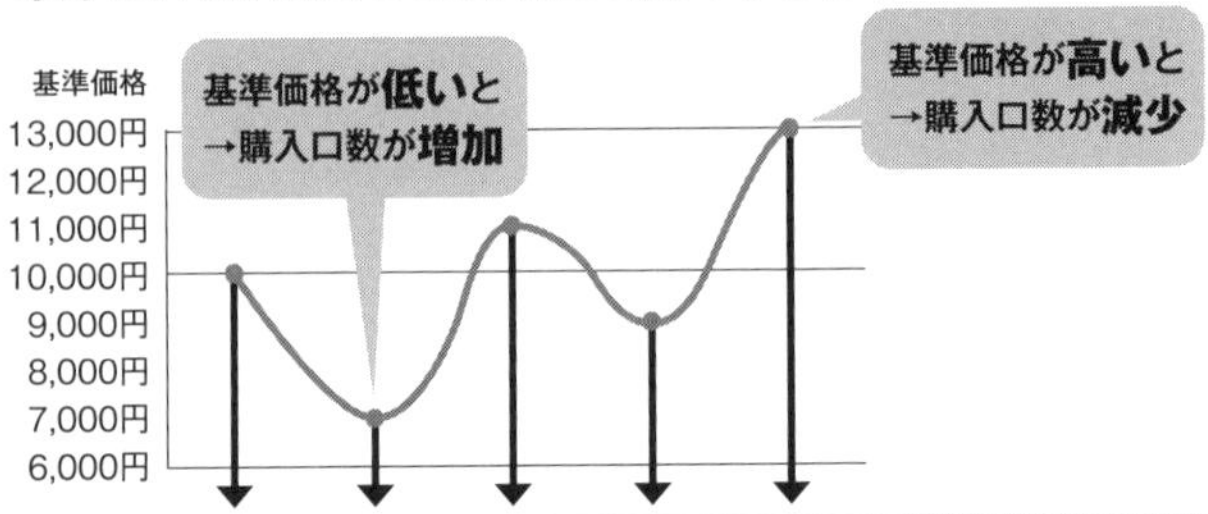

基準価額		1月 10.000円	2月 7,000円	3月 11,000円	4月 9,000円	5月 13,000円	合計	1万口あたりの平均買付価額
ドルコスト平均法（毎月1万円ずつ）	金額	10,000円	10,000円	10,000円	10,000円	10,000円	50,000円	9,582円
	口数	10,000口	14,285口	9,091口	11,112口	8,334口	52,180口	
一定口数購入（毎月1万口ずつ）	金額	10,000円	7,000円	11,000円	9,000円	13,000円	50,000円	10,000円
	口数	10,000口	10,000口	10,000口	10,000口	10,000口	50,000口	

をし、その後の上昇トレンドに乗って大きな利益を得るという投資法も可能だが、ファンドの場合、何をもって割安と判断するかの材料が存在しない。

加えて、仮に10年以上という長期にわたって資産形成をするのであれば、その間には幾度となく相場の山と谷が繰り返されるはずだ。つまり一本調子の上昇トレンドは考えにくい。そうであれば、積立投資を行ったほうが、リスクの緩和につながるはずだ。

ということで、海外ファンドを利用した資産運用については、積立投資をお勧めしたい。

積立投資をする際のポイントは、定額積

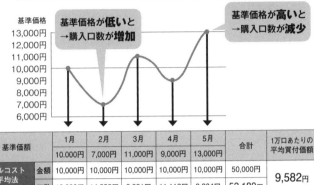

立をすることだ。つまり、毎月500米ドルと決めたなら、その額を毎月きちっと積み立てていく。そうすることによって、投資しているファンドの時価が高い時は、必然的に購入する口数は減り、逆に時価が安いときには、購入できる口数は増加する。これを平均していくと、高値で掴んだ口数が減るとともに、安値で仕込んだ口数が増えていくので、全体の平均コストを下げることができるのだ。これを**「ドルコスト平均効果」**という。

利息がさらなる利息を生む複利運用効果を最大限に生かせ！

複利運用というのは、つまりは、昔の言い方をすると「利息が利息を生む」ということ。たとえば1年間運用して得た収益をキャッシュアウトせず、元本に組み入れたうえで、2年目の運用を行っていく。さらに3年目も、2年目の運用が終わるまでに積み上がった利益を元本に組み入れて運用していく。こうすると、運用年数を重ねるごとに、徐々に投資元本が雪だるま式に膨らんでいくため、より大きな投資効果を得ることができる。

昔は、この複利運用効果を利用した金融商品が、日本国内にもたくさんあった。信託銀行は貸付信託を複利運用にした「ビッグ」という商品を扱っていたし、長信銀は5年物利付金融債を複利で運用する「ワイド」という商品を扱っていた（もう今ではすべて消え去ったが）。

香港の場合、日本と違って、キャピタルゲインや配当に対する課税がないので、満期前に発生した収益に対して課税されることなく、まるまる投資元本に充当され、複利運用されていく。日本の投資信託の場合、「再投資」といっても収益には課税されるため、非課税の収益が充当される香港に比べて投資効率が低下してしまう。

ちなみに、1000万円を年5％の1年複利で香港で運用した場合と、日本で毎年収益に課税されたうえで単利運用した場合の手取り差を計算すると、次のようになる。ちなみに運用期間は20年を前提にした。

すると、次のような結果が明らかになる。

複利運用の場合……約2653万円（税引き後約2317万円）
単利運用の場合……約1800万円

つまり、毎年収益に課税されたうえで単利運用計算すると、20年間の運用で約800万円の収益しか得ることができないが、1年複利で、保険期間満了時点で課税するという複利運用だと、日本で確定申告し税引き後の利益は約1317万円になる。500万円の差は非常に大きい。

これが複利運用を勧める理由だ。ファンドラップの場合、契約期間が満了した時点で生じた収益については、日本で確定申告すればいい。

マーケットの動きとは関係なく定期的なリバランスを忘れずに

複数ファンドで運用する場合、定期的なリバランスは必ずやっておいたほうがいい。

しかし、多くの場合、一度ファンドを購入すると、そのまま〝放置プレイ〟というケースが実に多い。実は私も一度、ある香港のIFAを通じて海外ファンドを購入したことがあったのだが、このIFAの能力が非常に低かったからなのか、まったくポートフォリオの見直しなどをやっていなかった。結果は惨憺《さんたん》たるもので、運用開始から2年を経過してマイナス30％になってしまった。

一方、別のＩＦＡに運用を任せているものがあるが、こちらは順調に資産を増やしている。今のところ、年率で８％程度のリターンが実現されている。ここの担当者は、投資のセンスもあるのだとは思うが、しっかり私のポートフォリオの中身を把握して、マーケットの状況に合わせて配分比率の見直しなどを定期的に行ってくれている。

では、どうやって見直しをやっていけばいいのか。

ひとつは、マーケットの動向を見ながら、大きく下落したところに投資したファンドの比率を引き上げたり、あるいは大きく上昇したものについては、その組入比率を下げたりするなど、あくまでもマーケットの動向に沿って、組入比率を調整していくやり方がある。

これに対して、**マーケット動向の如何にかかわらず、定期的にポートフォリオの組入比率を見直していくという手段もある。これがリバランス**と呼ばれるものだが、これをきちっと行っておくのと行わないのとでは、結果にも大きな違いが現れてくる。

たとえば、ここに１００のお金があり、アメリカ株式に50、日本株式に50という比率で投資し、それから半年が経って相場が動き、アメリカ株式は70に、日本株式は30にという比率になったとしよう。そのとき、アメリカ株式の20を部分売却して、そのキャッシュで日本株式を買うのだ。そうすれば、再び両者の比率は50対50になる。これを半年ごとに繰り返していくだけで、最終的なゴール地点での収益差が大きく開いているはずだ。

常に考えておきたい海外ファンド活用術のポイント

さて、ここまで海外ファンドの話をしてきたが、本章の最後ということもあるので、海外ファンドを購入、そして活用する際のチェックポイントを、もう一度、以下にまとめておこう。

【購入時の留意点】

(1)香港に銀行口座を必ず作る

銀行口座がなければ、海外ファンドが満期を迎えたり、あるいは解約したりしたときのキャッシュの受け皿がなくなってしまう。あるいは、毎月積立購入していくための自動引落口座に指定する銀行も必要になるので、海外ファンドへの投資を始めるには、まず香港に銀行口座を作るのが第一歩。

(2)優秀なIFAを選ぶ

海外ファンドの運用は、ＩＦＡとの二人三脚といってもいい。何もしないＩＦＡだと、それこそ海外ファンドの口座は放置プレイになり、結果としてせっかく多額の投資を行ったにもかかわらず、何も運用アドバイスも受けられないという状況になる。海外ファンドの運用は、たとえばファンドラップの商品を買った段階で終わりではなく、むしろその後の運用が大きな意味を持ってくる。優秀なＩＦＡとの二人三脚がうまくいけば、資産を大きく増やすことができるはず。

【購入後の留意点】

(1)ポートフォリオの見直し

どのファンドも、常にすべての局面で優秀なリターンを続けられるという保証はどこにもない。マーケットの環境変化に応じて、もっともよいパフォーマンスが期待できるファンドに乗り換えていくことも必要になる。そこの見極めは、運用アドバイスをしてくれる

ＩＦＡの腕にもよる。少なくとも、ポートフォリオの中身をきっちりと把握し、定期的にリバランスをしてもらうようにしよう。

(2)税金

最後に税金についても忘れてはならない。投資契約が満了したら、ファンドの収益とともに投資元本を受け取ることになるが、その収益については、この段階で課税される。もちろん、香港においてはキャピタルゲインも配当も課税されないので、香港の段階では無税。ただし、最後の最後に追徴課税などというつまらない状況に陥ることだけは避けたい。したがって、利益が出たら、その分は国内で確定申告をすることによって、税金を納めておくこと。

第5章

期待がますます高まる「ランドバンキング」活用法

多くが勘違いしている
ランドバンキングの実態

皆さんは「ランドバンキング」という商品をご存じだろうか。

ランドバンキングとは、私自身もここ数年来注目していた投資商品で、要は不動産開発業者がこれから展開していくプロジェクトに出資をするという仕組みを持った投資商品のことだ。

不動産投資信託（ＲＥＩＴ＝リート）との違いは何か、と思っている人もいるだろう。たとえば東証に上場されている不動産投資信託は、すでに建てられ使用されているオフィスビルや商業施設、住宅、物流施設、ホテルなどを組み入れて運用するというもの。

これに対してランドバンキングは、まったく何も建てられていない土地そのものに投資するのだ。そのため、一部では〝原野商法〟という批判の声もあったようだが、断じてそういうものではない。その証拠に、２００６年あたりから徐々に償還を迎えるプロジェクトが出てきている。

ここで、具体的にランドバンキングがどういうものかということを、改めて説明しておこう。

ランドバンキングとは、近い将来、開発される予定がある土地の区分所有権を購入するというものだ。最低購入金額は1ユニットにつき1万ドル程度。日本円にすれば120万円前後というところだろう。投資する土地は、アメリカとカナダが中心だ。一部、東南アジアの土地開発に投資するランドバンキングもあるようだが、やはり過去の実績、安定性などを考慮すると、北米に本拠を置いているランドバンキング会社の商品を購入するのがいいと思われる。

アメリカもカナダも国土は広大で、それこそ未開発地域はいたるところにある。大都市圏でも、車で20分、30分くらいという距離にもかかわらず、未だ開発されていない土地があるなどというのはざらだ。

ランドバンキングの骨格とは、こうした未開発地域の土地を買収するための資金を、大勢の投資家から集めるというもの。ランドバンキングに投資した投資家は、その土地の区分所有権を持つことになる。

では、こうした未開発地を購入したところから、どうやって収益を生み出すのか。ここがランドバンキングのキモになる。

ランドバンキングを運営している会社は、ただ単に土地を保有しているだけではない。土地は、土地だけでは何も生まない。そこに建物などを建てて、初めて収益を生むようになる。

そこでランドバンキング会社は、投資家から集めた資金で土地を買収した後、買収した用地のプランニングを行う。たとえば住宅をここに建てる。病院はここ。道路や水道はこのように敷いていくというように、街づくりのプランニングを行っていくのだ。

このプランニングが終わった後、州政府から開発許可を得る。そして、開発許可が得られたところから順次、実際に開発を行うデベロッパーに、買収した用地に付加価値をつけて売却していく。この時点で収益が生まれるというわけだ。

年10%超のリターンを実現！

では、実際にどの程度のリターンが実現したのだろうか。数字は2013年12月末時点における、北米のランドバンキング会社の償還実績だ。

ランドバンキングのリターンは？

償還年	リターン
2006年	最高28.51%／最低6.72%
2007年	最高18.67%／最低9.67%
2008年	最高22.65%／最低13.88%
2009年	10.30%
2010年	最高16.59%／最低12.54%
2011年	最高9.65%／最低8.84%
2012年	最高12.99%／最低5.75%

期間ごとの実績を見てみよう。１９９９年以前の販売プロジェクト数は24件。このうち償還されたプロジェクト数は同数の24件。つまり、すべて償還されたというわけだ。

これらのプロジェクト以降の案件は、まだ償還されずに開発継続中というものが多いため償還割合は低いが、これは今後のお楽しみということになる。

実際に償還された案件のリターンを見ると、なかなか優れているのがおわかりになるだろう。２００６年以降のリターンは、上の図のようになっている。

これらは監査済になっているプロジェクトの償還実績だ。いずれも年利回りである。現在の為替レートなら、日本の投資家が償還金を受け取る際には、これに為替差益が加わる。

特に2011年は円が過去最高値をつけた年なので、これに為替差益が加わると、円建てのリターンは非常に高いものになる。ちなみに、2011年のカナダドル／円レートは、10月時点で1カナダドル＝75円。それが2014年12月時点では1カナダドル＝105円前後なので、為替差益だけでも約40％がオンされる。年率で平均すると約13％程度だ。

為替差益は、その時々の値動きによって変動するため、為替差益が得られたときは、たまたまそういうタイミングだったと考えるべきだが、北米ランドバンキングのリターンを見ると、非常に安定していることがわかる。**年10％のリターンが得られたら、逆に多少円高が進んだとしても為替リスクを軽減できる。**

気になるのは、今後のリターンがどうなるのかということだろう。**ランドバンキングは実績に応じてリターンが変動するものであるが、これまでは一度も元本割れで償還したことはない。**

私自身はこのビジネスモデルが、当面、有効に機能するものだと考えている。なぜなら、ランドバンキングの会社はカナダ国内の土地開発だけでなく、最近はアメリカ本国の土地開発も積極的に展開しているからだ。そしてアメリカは、先進国のなかでも稀有といってもいいと思うが、今も人口がどんどん増加傾向をたどっている。それは積極的な移民政策によるもので、この政策は今後も継続されるだろう。

人口が増えれば増えるほど、住む場所をはじめとして生活するためのインフラが必要になってくる。**ランドバンキングは、こうした新しい街を作るための基盤を支えるビジネスであり、これから人口がさらに増えていくアメリカにとって、必要不可欠な投資形態になっていく**可能性を秘めている。

リターンを得るまでのプロセスを見てみよう

ランドバンキングの投資期間は、だいたい4〜7年程度。ただ、銀行の定期預金のように、満期が明確に決められているわけではない。ランドバンキングは満期があらかじめ決められておらず、実際にそのプロジェクトに投資している投資家からの投票によって、売却するかどうかが決められる。

たとえば、あるプロジェクトに関してデベロッパーが見つかったとしよう。ランドバンキング会社は、この時点で、プロジェクトに出資している投資家に対して、「あるデベロッパーが、このプロジェクトに対していくらで買うと言ってきている。この金額での売却に賛成か反対か」ということを伝え、多数決を行う。

どのくらいの賛成があった時点で売却を決めるのかについては、ランドバンキング会社によって異なるが、基本的には60％以上の賛成があれば、売却に応じる。もちろん、売却に対して反対の票が多ければ、売却しない。

では、こうした多数決が行われない時点で、中途解約ができるかどうかという点だが、これは限定的な条件の下で可能だ。

どうしても現金が必要になるというケースは誰にでもある。この場合は、ランドバンキング会社が、新しい買い手を見つけてくれる。これを「リセール」という。リセールによって新しい買い手が見つかれば、たとえ売却のための多数決が行われる前でも現金化できる。

ただし、リセールによる現金化は、買い手を探す手間と時間がかかる。したがってリセールの要請をしてから、実際に現金化されるまでには、ある程度の日数を必要とする。また、手数料も高くなるので、基本的にはお勧めできない。

ランドバンキングの購入方法とは？

ランドバンキングを購入するには、紹介代理店を通じて購入するのが一般的だ。ただし、海外ファンドを購入するときと同様、ここでもランドバンキングを購入するのに手数料を取る悪徳紹介代理店が存在していることには、十分に注意しておく必要がある。

購入手順は次のようになる。

(1)購入申込書の記入・提出

紹介代理店から購入申込書を送ってもらい、それに必要事項を記入する。記入事項は、氏名、住所、電話番号、投資するプロジェクト名、購入金額など。

(2)お金の振込

ランドバンキング会社が指定する銀行口座に現金を振り込む。

(3)契約書発行

ランドバンキング会社が購入申込書を受け取った後、記入事項を確認し、契約書などの書類を準備したうえで、投資家に送付。

(4)契約書受取

契約書を受け取ったら、その内容をよく読み、契約書に署名する。

(5)契約書郵送

受け取った契約書にサイン漏れなどはないかどうかを確認したうえで、問題がなければランドバンキング会社に郵送する。

(6)政府登録と所有権移転

投資する国において、ランドバンキング会社が所有権移転の登録と不動産取得税の申告、支払を行う。これで所有権が投資家に移転し、所有権が公的に証明されたことになる。

(7)登記完了書類の郵送

ランドバンキング会社から登記完了書類が郵送されてくる。大事な書類なので、きちっと保管するようにしよう。

以上がランドバンキングを購入するまでの流れになる。前述したように、購入代金は日本の銀行を通じて振り込むこともできるが、後々のことを考えれば、やはりHSBC香港など海外の銀行に口座を開いておいたほうがいいだろう。売却したときの売却代金、リセールした際の資金の受取先を日本の銀行にすると、何かと不便が生じるからだ。

まず、日本の銀行に振り込まれた時点で、勝手に日本円にされてしまうケースがある。日本円の口座しか持っていなければ、それは当然のことだろう。ただ、そうなると仮に円高が進んでいた場合、為替差損が確定してしまう。

それを避けるためには、日本の銀行に外貨預金口座を作り、そこに振り込んでもらう。外貨預金口座であれば、外貨のままで受け取り再び円安に戻るタイミングを狙うことができる。

しかし、そもそもの問題として日本の外貨預金は為替手数料が非常に高い。こうしたコストの面を考えると、やはりHSBC香港をはじめとする海外の銀行に口座を開いておいたほうがいい。

他にはない実物資産、信用リスク軽減、そして5年程度の運用というメリット

ランドバンキングを、どのように資産運用に活用していけばよいのか、ということを、本章の最後に考えてみたい。

まず、ランドバンキングには、株式や債券などの伝統的な資産とは異なるふたつの特性がある。

第一に、**実物資産としての魅力**だ。株式や債券は「ペーパー資産」といって、それを発行している企業、あるいは国などの信用力を背景にして、一定の価値が付与されたものである。

ただ、ペーパー資産の価値というのは実物が伴わないため、ときおり大きく暴落することがある。アジア通貨危機、リーマンショック、欧州債務危機といった、世界的に広く影

響を及ぼすと思われるショックが起った際、一斉に売られる傾向があるのだ。

このような場合、ペーパー資産から逃げたお金はどこに向かうのかというと、実物資産である。金などは、まさにその代表的な存在だ。どうして金が買われるのかというと、株式や債券などは発行体が潰れればただの紙切れだが、金はそのものに価値があるからだ。

金の価値は、あくまでも金自体にあって、金の採掘業者や販売業者は、その価値形成に一切関係ない。株式であれば、その裏には必ず企業に対する信用力というものが求められるが、金の場合、そういった発行体の信用力とはまったく関係なく、現物に対する価値が認められている。

これは土地も同じだ。したがって、**金融不安などが高じたときには、金や土地といった実物資産に資金が流れる**ようになる。つまり、**株価が暴落する局面でも、地価は意外と底堅い値動きをする可能性が高い。**そのため、**ランドバンキングを投資対象に含めることによって、ポートフォリオ全体の価格変動リスクを軽減させる効果が期待できる。**

そしてもうひとつの魅力が、**信用リスクの軽減効果**だ。ランドバンキングは土地の区分所有権なので、たとえランドバンキング会社が破綻したとしても、その権利は公的に認められる。

もちろん、自分自身の区分所有権が認められたとしても、ランドバンキング会社が破綻した後の処理には、相当の労力が必要になると考えられる。したがって、ランドバンキング会社の信用力を見極めることはとても大事であり、それと同時に、信頼できる紹介代理店を選ぶことも重要になってくる。

この点をクリアすれば、**ランドバンキングをポートフォリオに組み入れることによって、ポートフォリオ全体の信用リスクに対する耐性を高めることができる**のだ。

そして、こうしたポートフォリオのリスク改善に加え、ランドバンキングにはもうひとつのメリットがある。

それは、**中期的な資産運用に適している**ということだ。ランドバンキングは、大体4〜7年程度を運用期間のメドとしている。対して、日本の金融商品を見ると、5年程度の運用に適している金融商品の数は非常に少ない。いや、皆無に近いといってもいいだろう。かつて5年の運用といえば、先述のワイドやビッグといった商品だったが、いずれも今は消滅してしまっている。

償還期間は決まっていないものの、とりあえず5年程度である程度のリターンを目指す場合、ランドバンキングはそれに適した選択肢になるはずだ。

ランドバンキングの様子

投資対象の未開発地の一例。

投資後、開発が終了した街の一例。

第6章

地球環境への貢献と安定したリターンを狙う「再生可能エネルギー債」

長期化するゼロ金利政策が生んだ異常な状態への〝慣れ〟という怖い現実

日本の金利は現状、「ゼロ金利政策」なので、仮に銀行に１００万円を預けておいたとしても、ほとんど利息収入が得られない状況が続いている。

たとえば、日本の長期金利の代表的な存在である10年物国債の利回りだが、２０１４年12月25日時点で０・３１４％だ。10年保有して、年間０・３１４％の利息しか受け取れないのである。１００万円で長期国債を購入したとすると、年間の受取利子はたったの３１４０円。10年でも3万１４００円に過ぎない。これはもう、金利うんぬんというレベルの話ではない。

さらに短い期間になると、本当にゼロ金利という言葉がぴったりくる。メガバンクの定期預金金利を見れば、その実態がわかるだろう。やはり２０１４年12月現在のスーパー定期1年物の利率は年０・０２５％だ。

「何がスーパーだ」と毒づきたくもなる。１００万円を1年間預けて得られる利息は、た

10年国債の利回りの推移

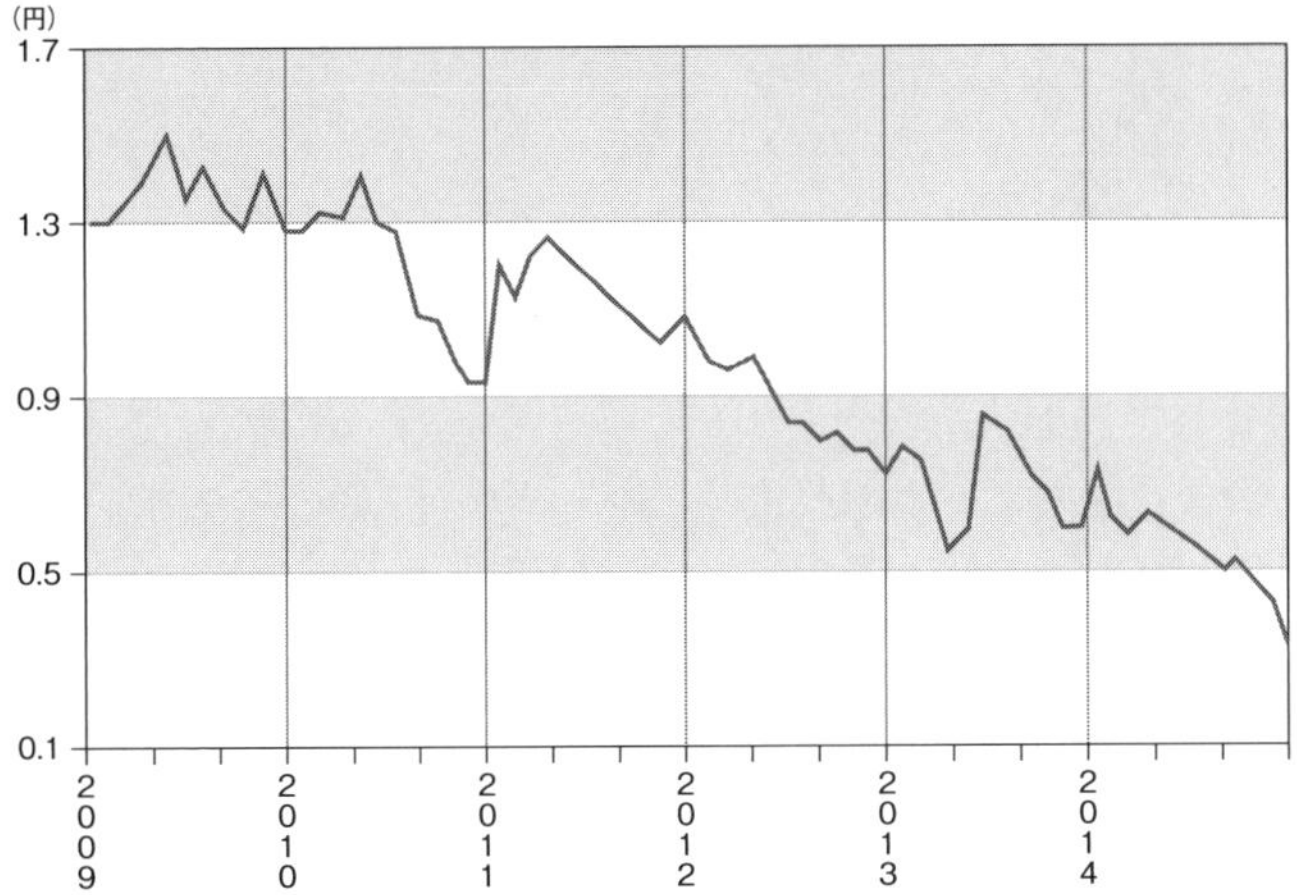

ったの250円である。これだと、時間外にATMから現金を1、2度引き出しただけで、利息はなくなってしまう。

「このような状況など、長く続かないだろう」と思っているとしたら、相当に甘い。何しろ、日本が超低金利政策に舵を切ってから、すでに15年の歳月が流れている。15年もの間、こうした異常事態が続いているのだ。

だからこそ、いよいよ異常な状態も終わるのではないかと考えている人もいると思うが、残念ながらそうは問屋が卸さないらしい。

第1章でも述べたように、2014年10月末、日銀の黒田総裁は「黒田バズーカ第2弾」を放った。日本の金融政策をつかさどる日銀は、当分、この超低金利政策を継続するつも

国内銀行の定期預金の平均金利

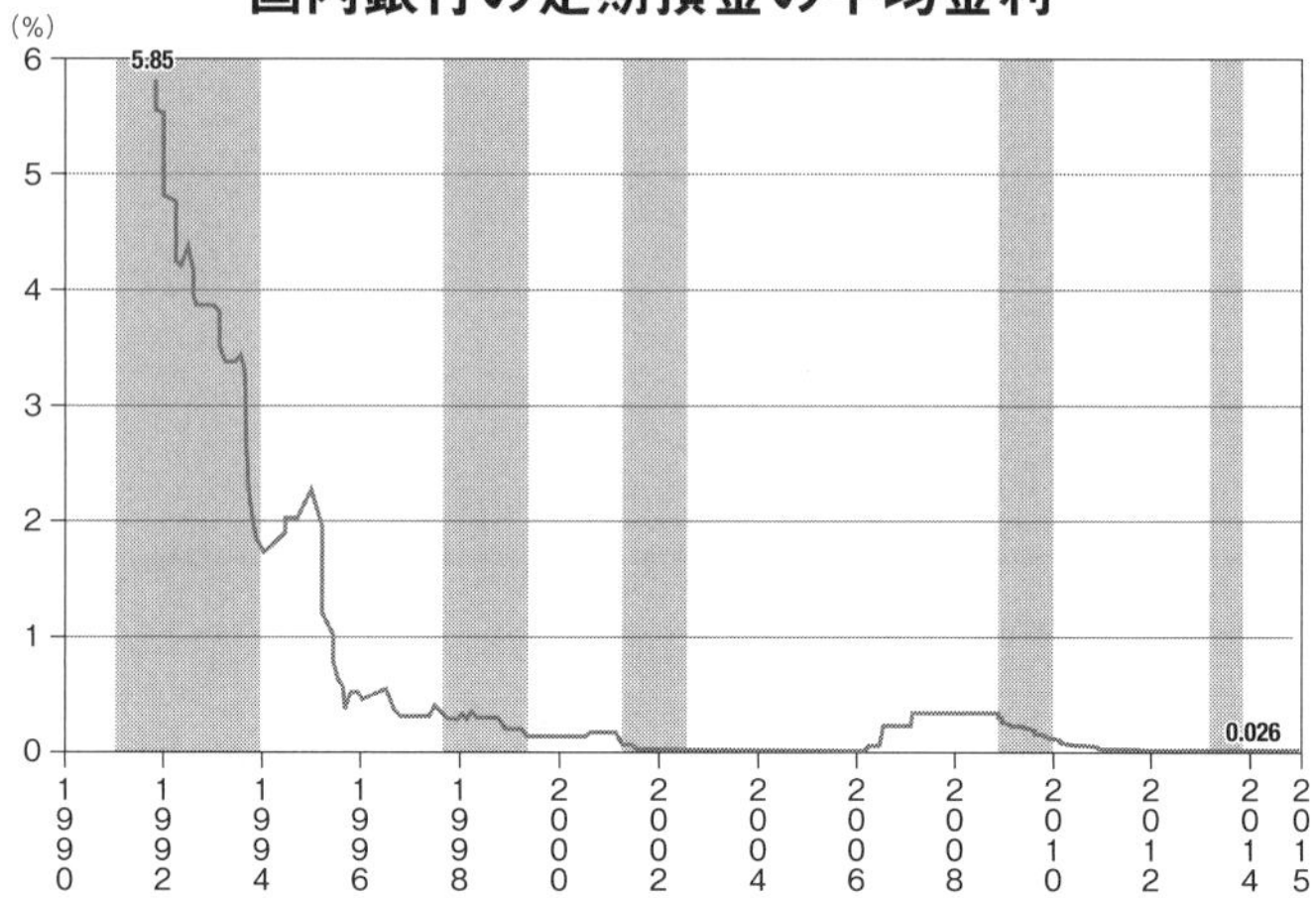

出所：日本銀行　※期間は1991年10月～2014年12月。
預入金額300万円以上1000万円未満の1年定期。

りだ。**日本で確定利付きの金融商品に預けても、しばらくは収益性がほぼゼロという状況が続く**ことになるのだろう。

しかも、こうした異常な状態も長く続いていると段々、慣らされてくる。これがまた怖い。なぜなら、ここに投資のチャンスがあるにもかかわらず、「そんな高金利はおかしい」などとはなから決めつけてしまうからだ。

しかし、繰り返し紹介してきたように、**海外に目を向ければ日本とは比べものにならない金利の商品はまだまだある。**無論、それらは決して詐欺商品などではない。ここで紹介する「再生可能エネルギー債」もそのひとつだ。

年8%のリターン確定という再生可能エネルギー債の安定した魅力

再生可能エネルギー債というのは、社債の一種だ。社債というのは、一般事業法人が発行体となって発行されている債券のことである。

債券とは、一種の借用証書のようなもので、それを発行した者が発行体となり、事業などを行うのに必要な資金を幅広く投資家から募る。あらかじめ償還までの期間が決められており、償還日には調達した資金を全額、投資家に返済する。また、償還までの間、半年おき、あるいは1年おきに利息を支払っていく。投資家にとっては、この利息が収益になる。ちなみに**元本の安全性については、発行体が償還日まで元利金の支払いを保証しているので、預貯金と同様、元本割れリスクはないと考えていい。**

ただし、元利金の支払いが確実に行われるのは、あくまでも発行体がそれを払えるだけの財務的安定性があるのが前提条件になる。もし、発行体の財務体質が悪化したり、破綻したりした場合には、元利金の返済が行われなくなるリスクがある。したがって、**債券に**

投資する際は発行体の信用力が重要になってくる。

ここで紹介する「再生可能エネルギー債」は、イタリアのH社が発行体となる。H社は、その親会社である「N社」は過去にドイツのフランクフルトの新興株式市場に上場していたことがあり（新興株式市場の閉鎖に伴い現在は未上場）、現在はイギリスの市場への上場準備を進めている経歴からも、信用力は比較的高いといえる。

しかも、利払いの原資はイタリア政府が20年間保証している再生可能エネルギーの買取補助金であることも、安心して投資できる理由の一つだ。

利率は2通りあり、ひとつは年6％の利率で償還までの期間は8年。もうひとつは年8％の利率で償還までの期間は10年だ。配当は年1回もしくは2回の分割受取を指定できる。また受取銀行がＨＳＢＣ香港の場合は、配当受取時の送金手数料が無料になる。この点でも、再生可能エネルギー債を購入する場合は、まずＨＳＢＣ香港に口座を開くことをお勧めする。

通貨はユーロ建てだ。したがって、このエネルギー債の元利金保証は、あくまでもユーロ建てというのが前提条件になる。日本から投資する場合、投資資金は円からユーロに替えて投資する。

そうしたことから、円建ての手取り収益は、ユーロ／円の為替レートの値動きに左右されることになる。円安ユーロ高が進めば、為替差益がオンされるので円建ての利回りは向上するが、逆に円高ユーロ安が進めば、為替差損を被ることになるため、円建ての利回りは低下する。

ただ、**再生可能エネルギー債のいいところは、利率が高いこと**だ。

償還期間10年で年8％の利率ということは、10年間を通して見れば、単利で80％もの金利収入が得られることになる。円がユーロに対して80％も上昇するようなことが、果たして今後10年間で起こるのかどうかという点を考慮に入れたうえで、リスクの度合いを考える必要があるだろう。

一例を挙げれば、2014年12月6日時点のユーロ／円レートは1ユーロ＝149円なので、そこを基準とすると、元利金を合わせると1ユーロ＝30円前後が損益分岐点になる。

無論、ここまでユーロ安が進むとしたら、ユーロそのものが破綻した場合など、ユーロにとってよほどの悪材料が出てこない限りはあり得ない。そう考えると、10年で利率8％の再生可能エネルギー債は、比較的安心して投資できるという結論になる。

再生可能エネルギー債は、もうひとつ大きなメリットがある。それは、**一定期間保有し**

た場合、償還前に解約しても買取保証がついている点だ。

もともと再生可能エネルギー債は、AプランとBプランに分かれている。Aプランは利率が年6％で、償還期間が8年のものだ。販売単位は5000ユーロになる。日本円にして74万円程度だ。

Aプランを選択した場合、保有期間が満3年を経過すると、額面で社債を買い取ってもらえる。

通常、社債は債券市場で形成される債券価格で売買するため、償還前に売却する場合、購入時に比べて金利が上昇していると、債券価格が値下がりして売却損を被る恐れがある。この点、額面価格での買取保証が付いていれば、投資家にとって安心材料にもなるだろう。ただし、3年未満で売却する場合は、10％の買取手数料がかかってくる。

Bプランの場合は、利率が8％で償還期間が10年になる。こちらの買取条件は、保有期間が満6年を経過した時点で額面での買取になる。満6年未満で解約する場合は、経過年数に応じて保有期間中の金利が減率される。販売単位は1万ユーロなので、円建てだと149万円程度になる。

いずれにせよ、購入後2年ほど経過すれば、中途解約しても利払いが買取手数料を上回るので、ユーロ建ての元本割れのリスクはない。

実はイタリアは気候を生かした再生可能エネルギー先進国だった!

ところで、なぜこの商品がイタリアの再生エネルギーを対象としているのか、疑問に思った方もいるだろう。

実はイタリアは、再生可能エネルギーの分野で世界的な先進国なのだ。特に太陽光発電に関しては、東京よりも年間100時間以上も日照時間が長く、かつ東京に比べて降水量は3分の1に過ぎないという好条件がそろっている。こういうイタリアの気候を最大限に活かすための再生可能エネルギーが、太陽光発電なのである。

その結果、2009年末に1・1ギガワットに過ぎなかった太陽光発電設備による総発電能力は、2013年末時点で17・9ギガワットを超え、ドイツに次ぐヨーロッパ第2位、世界で見ると第2位の中国に次いで第3位の総発電量を誇るまでに発展した。

では、どうして確定利回りが可能なのか。

イタリアの風力発電

その理由は、固定価格買取制度（ＦＩＴ）にある。日本でも東日本大震災以降、にわかに注目を集めている固定価格買取制度だが、イタリアではすでに１９９２年にこの制度を導入されているのだ。しかも、２０１２年に施行された制度では、１キロワット／時あたり０・３３４ユーロ（約32円）を基本にして、環境や国民の健康に被害をもたらすアスベストの屋根を撤去した場合、あるいは環境に配慮したレンガ色の太陽光発電パネルを使用する場合には、買取価格が上乗せされることになった。

さらに発電事業者に対しては、これらイタリア国内で発電される電力量における再生可能エネルギー発電の割合を一定以上に高めることが義務付けられており、それにともなって太陽光発電をはじめとする、風力や水力、地熱やバイオなどの各種再生可能エネルギーの発電設備ごとに固定価格買取制度の補助金枠が設けられている。その一方で、安価で導入しやすい代わりに天候の影響によって発電量が不安定になりがちな太陽光発電設備に偏ることがないように、イタリアでは2013年7月、新たに建設される太陽光発電に対する固定価格買取制度の適用を停止した。

こうしたことから、再生可能エネルギーの発電事業者も、その固定価格買取制度を利用するため、太陽光発電だけに集中することなく、風力やその他の再生可能エネルギー発電にも継続的に取り組むこととなり、その結果、発電設備への投資による利回りを安定的に確保することができるようになった。これが、イタリアの再生可能エネルギー債で、安定した利回りが保証できる理由である。

低リスク商品への投資から始まる安定した運用環境作りの第一歩

実際、再生可能エネルギー債をどのように資産運用に活かしていけばよいのか。

海外投資というと、多くの人は高いリターンを期待しがちだ。その点では、ユーロ建てで年6％、あるいは8％という利率は、決して高いほうではない。

ただ、恐らく次のような人にとって、再生可能エネルギー債は適しているのではないかと考えている。

●安心して投資をしたい人
●価格変動リスクでハラハラしたくない人
●投資成績を見るのをうっかり忘れてしまいがちな人
●放っておいても勝手にお金が増えてくれるのが好きな人

前述したように、この債券は元利金の支払いが保証されており、発行体の信用力も高く、かつ一定期間が経過すれば額面価格での買取が行われる。その点で、一般的な債券に比べて、安全性が高いと考えられる。したがって、損をしたくない人、安心して投資したい人、価格変動リスクでハラハラしたくない人には向いているといえるだろう。

また、海外投資は情報収集が大切で、実際、自分が今、投資している資産がどのくらいの価格で取引されているのか、あるいは投資先となっているマーケットの状況はどうなのか、といった点については、逐次、情報を集めておく必要がある。運用成績が大幅に落ち込んだり、投資先マーケットの環境が悪化したりしているような場合には、自分のポートフォリオから外すことも考えておかなければならない。

この点、**再生可能エネルギー債は債券であり、価格変動リスクもほぼゼロに近いので、リアルタイムで運用成績をチェックする必要がない。**

海外投資でリスクをあまり取りたくない人は、再生可能エネルギー債のような確定利回りの投資商品を中心にして、資産運用していくほうがいいかもしれない。

第7章

密かに人気の
オフショア養老保険に要注目！

元本割れのリスクなしというウソのような超安心商品があった！

　数年前から香港では、「元本確保型オフショア養老保険」が人気を集めている。HSBC香港や恒生《ハンセン》銀行などでは昔から販売されていたが、当時は定期預金の金利が年3％前後あり、またファンドの運用益も軒並み年10％以上という状況だったため、年4～5％のリターンしか得られない養老保険商品は、あまり人気がなかった。

　ところがリーマンショック後、世界的な金融緩和によって定期預金金利が低下し、さらにファンドの運用成績がいささか落ち込んだこともあり、元本確保の状態で年4％前後のリターンが期待できる養老保険への関心が、俄然高まってきた。

　ちなみに、「元本確保」というのは、あくまでも外貨ベースの話だ。日本人がこの保険商品への加入を申し込む場合は、円を米ドルや香港ドルに替えて加入する形になるため、保険金の受取時期にかけて急激に円高が進めば、為替差損が生じる。

　つまり、為替レートの値動き次第では、円ベースで元本が割れるケースもある。この点は要注意だ。

この手の保険商品は、ＨＳＢＣ香港でも取り扱っているが、銀行で加入する場合は、香港のＩＤ所有者であることが条件になる。つまり日本の居住者は、銀行を通じてこの保険に加入することができない。

しかし、あきらめるのは早い。

実は、保険会社が販売している同じような養老保険商品なら、日本の居住者でも香港に渡航すれば簡単に契約できる。ここでは香港で契約できる保険会社の元本確保型オフショア養老保険について説明しておこう。

細かい仕様は次の通りだ。

●積立期間＝9年、15年、18年のいずれかを選択する。
●保障期間＝被保険者年齢で１００歳まで。
●養老金（配当）＝加入後6年後から保険金額の8％を3年毎に受け取れる。また、被保険者が死亡した場合は、死亡時保険返戻金が受け取れる。
●元本確保＝積立終了後、2～3年が経過すると、払込済保険料の累計額を解約時返戻金総額が上回り、元本が確保される。
●年間配当＝積立金額の毎年4・75％（変動）の運用利回りが加算される。
●加入年齢＝0歳〜70歳
●保険料支払い通貨＝米ドルと香港ドルのいずれかを選択できる。
●保険料支払い方法＝毎月払い、半年払い、年払いの他、払込期間が9年のプランに限り、保険料を前もってまとめて払い込む「前納払込」を選択できる。なお保険料は、加入年齢、男女別、喫煙・非喫煙の別によって変わってくる。

子供がいる家庭なら、保険契約者を親、被保険者を子供にすると有利だ。なにしろ、被保険者が100歳になるまで、3年毎に保険金額の8％を養老金として受け取れるのだから、昨今の金利情勢から考えても、有利な選択であることは理解できることと思う。

商品設計上の最低払込保険料は、月額100米ドルからと安く設定されているが、この商品は香港まで渡航しないと加入できないことに加え、保険期間の途中でファンドラップのように増減額ができない。そのため、腰を据えて長期間運用するつもりなら、自分のライフプランに合わせて、たとえば月額500米ドルなど無理のない金額で加入するのがいいだろう。

早めの投資が呼び込む自分と家族の新しい幸せ

前述したように、「元本確保型オフショア養老保険」は、保険契約者あるいは被保険者の年齢、性別、喫煙・非喫煙によって受取金額が違ってくる。ここでは簡単に契約事例を説明しておこう。

まず、保険契約に関しては、次の2通りのパターンが考えられる。

1、保険料支払い者が保険契約者になる場合

2、保険料支払い者が保険契約者に、そして、その子供が被保険者になる場合

基本的にこの商品は、子供を被保険者にしたほうが圧倒的に有利なので、ここでは2のパターンで説明していこう。

加入者の条件を次のように仮定してみる。

●保険年齢＝50歳
●積立保険料＝毎月1000米ドル
●積立期間＝8年間
●被保険者の年齢＝6歳
●非喫煙

この条件では、保険金額は10万4291米ドルとなり、加入して6年後からは、3年おきに保険金額の8％が、養老金として受け取れる。

この場合、1回目は8343米ドル。さらに毎年、積立金額に4・75％（変動）の配当が付与される。

解約返戻金と6年後から3年ごとに支給される養老金は確定だが、配当部分の4・75％は変動なので確定ではない。4・75％よりも増えることもあるだろうし、逆に減ることもあるだろう。

いずれにせよ、**8年間の積立期間が満了した後、2年ほどが経過すれば、解約時返戻金の総額は払込済保険料の累計金額を超えてくる。つまり元本割れせずに解約できる**というわけだ。

また、この保険に加入し続けている限り、被保険者である子供は100歳になるまで、養老金を継続的に受け取れる。そのうえ、被保険者が長生きすればするほど養老金の受取金額は増えていく。なお、積立金額は月払いよりも年払いのほうが、解約返戻金、養老金、年配当ともに多くなる。

ファンドラップに比べると、ややリターンの面で地味な印象は受けるが、**ファンドラップはリターンがマイナスになることもあるのに対し、元本確保型オフショア養老保険は文字通り元本が確保される。**

その意味では、非常に手堅い投資対象といえるだろう。ファンドラップのように、IFAの運用成績やスイッチングなどに頭を痛める心配もない。

また、事例は50歳の男性なので8年間の積立期間で計算しているが、40代以下の方はもっと長い保険期間を選択したほうが、将来的に有利になる。

そして、何よりも重要なのは、紹介代理店の選択だ。そもそも利回りが高くないので、コストの低い紹介代理店を通じて加入する必要がある。つまり、入会金や年会費など余分なコストをこれでもかと要求してくるような悪徳紹介代理店は、是が非でも避けなければならない。

第8章

危ない海外投資、ここに注意!

消費者を言葉巧みにだます悪徳紹介代理店の手口を知る！

海外ファンド投資を行う場合、とにかく気をつけなければならないのは、悪徳紹介代理店の存在である。

こうした連中は、まず自分たちの儲けのことしか考えていない。お客の資産管理・運用に貢献するための職業倫理など、まったく持ってなどいないのだ。だまされないためにも、彼らがどういうセールスをしてくるのかということを、もう一度、じっくりと説明しておこう。

まず多いのが、実年齢からして異常に長い契約期間を結ばされるケース。たとえば、契約時の年齢が20代、30代であれば何も問題はないが、50代の方で積立期間25年などという長期積立契約を結ばされてしまっている人がたくさんいる。しかし、よく考えてみてほしいが、50歳でそのような長期の積立契約を結んでしまえば、満了時点の年齢は75歳だ。

普通の給与所得者に対して、このプランはあり得ないだろう。60歳で定年を迎えたら、定期的な収入は基本的に公的年金以外ない。それも、決して多いとはいえない額だ。そのなかから、どうやって月々の積立金額を捻出するというのだろうか。

仮に25年間、無事に積立ができたとしても、75歳から何にそのお金を使うというのだろうか。墓場に金を持って入っても、何の役にも立たない。

実は**仲介業者にしてみると、契約期間に応じてコミッション（報酬）が増えていく。そのため、少しでも多くのコミッション（報酬）を得ようとして、お客のライフプランなどおかまいなしに、無理な積立期間を勧めてくる**のだ。

こういった際、悪徳紹介代理店の連中は、

「海外ファンドの積立期間は25年だけなのです」

と、ウソの説明をしたり、あるいは長期で積み立てるほうが大きく資産が増えることをグラフで見せたりしたうえで、

「25年間積み立てれば1億円の財産を作ることができます」

というように、うまく言いくるめようとしてくる。その言葉を信じて、異常に長い積立期間を選んでしまうと、もうどうにもならない。残念ながら、契約期間だけ後で変更するということはできないのだ。

それと同時に、積立金額をできるだけ高額にしようとしてくる。

なぜなら、これも紹介代理店にとってはコミッションがより多くもらえるからだ。コミッションというものは、積立期間の契約が長ければ長いほど、積立金額が高額であれば高額であるほど高くなる。そのため、悪徳紹介代理店は無茶な契約を結ぼうとするのだ。

なかには普通のサラリーマンや高齢者に対して、毎月20万円、30万円という高額の積立を勧めてくるケースもあるが、あまりにもひどい話だ。

積立投資をする場合は、とにかく長期にわたって継続できるようにすることが肝心なのだから、無理のない金額設定をしなければならない。

他にも注意点がある。前述したように、高額な手数料の要求がそれだ。

もちろん、仲介ビジネスをやっているのだから、まったく手数料を取らないなどということはあり得ない。ただ、程度の問題があるだろう。たとえば銀行口座の開設サポートだけで5~10万円ものお金を取る業者もいるが、ちょっと高すぎるのではないだろうか。

また、年間の管理費も要求される。これが毎年5万円程度。そのほか、運用している商品をAファンドからBファンドにスイッチングするだけで、1回につき5万円の手数料という具合に取られ、最終的には手数料のかたまりのような金融商品になってしまう。

しかも、この手の悪徳紹介代理店が、いつまでも業務を続けている保証はどこにもない。適当に稼いだら、いつの間にか事務所をたたんで逃げているというケースも十分に考えられる。

紹介代理店が廃業、もしくは夜逃げなどということになったら、それこそ一大事だ。紹介代理店を利用して投資顧問業者と契約している人たちは、基本的に英語での手続きが面倒だから仲介業者に依頼しているケースが多い。こういう人は、たいてい資産管理のすべてを紹介代理店に任せているので、ある日突然、紹介代理店がいなくなってしまったら、もうどうすることもできなくなってしまう。

セミナーからツアー代、手数料まで悪徳紹介代理店はここで見分ける！

さまざまな海外投資セミナー、投資サークルが日本にはある。海外投資に興味がある人たちは、こうしたセミナーなどに参加して情報を入手し、投資を始める人が多い。しかし、この手の海外投資セミナーや投資サークルというのは、大半がマルチ商法や催眠商法に関連している悪徳商法を行っている連中がかかわっている。
こうした悪徳紹介代理店を見分けるポイントについて、簡単にまとめておこう。

(1)セミナーが有料
(2)入会金・年会費がある
(3)HSBCなど香港の銀行の口座開設費用を別途徴収する。しかも高額
(4)香港ファンドツアーの費用が15万円以上
(5)ファンドのスイッチング、解約など各種変更手数料を徴収する

以上の5点については、くれぐれもチェックすること。

また、これから投資相談を持ち掛けようとする香港の投資顧問会社が業務を提供するための適切な資格を有しているかという点については、「香港証券先物委員会(香港SFC)による認可の取得」と「香港専業保険業協会(PIBA)の協会会員資格の取得」の有無を、それぞれのホームページでチェックしよう(香港SFC=http://www.sfc.hk/　PIBA=http://www.piba.org.hk/)。

なかには「日本の投資顧問業の免許を持っています」ということを標榜して、何とか信用力を高めようとしている仲介業者もいるが、いくら日本の投資顧問業免許を持っていたとしても、香港で販売するファンドである以上は、香港ＳＦＣの規制対象下に入る。つまり、日本の投資顧問業免許は、何の意味もなさないのだ。

これ以上被害者を増やさないため事例で見る人を不幸にする海外投資

それにしても、よくこれだけ出てくるものだと思うのが、危なっかしい海外投資商品だ。事件化したもの、事件化はしていないものの日本の金融庁からきついお灸をすえられたもの、見るからに怪しいのに今でも営業活動をしているものなど、現状はさまざま。だが、これから海外投資を始める方には、この手の危ない海外投資商品には絶対に引っ掛からないでもらいたい。

一時期、「1億円は貯められる　月5万円の積立で」と派手なテレビＣＭなどを打ちまくって、金融庁から6カ月もの業務停止処分を受けた「アブラハムプライベートバンク」。

それと同じタイミングで、アブラハムと同じように海外ファンドの仲介業務を行っていた「ＩＦＡジャパン」は3カ月の業務停止処分、「Ｋ２インベストメント」は1カ月の営業停止処分を受けた。さらに「Ｋ２インベストメント」は業務停止期間中に営業を行い、その後、関東財務局から投資顧問業の登録を取り消されている。しかし、同社はこれに懲りずに住所を香港に移動して無免許で営業を開始している。

これら一連の事件の何が問題なのか。

投資の世界のみならず、一般社会にも非常に大きな波紋を投げかけた出来事だっただけに、今一度、しっかり整理しておく必要があるだろう。ここでは、アブラハムプライベートバンクを例に挙げて、その事業形態、そして販売していた海外ファンドの問題点を明らかにしてみたい。

第一の問題は、**アブラハム社が金融商品販売業者の登録をせずに、海外ファンドを販売していた**ことだ。彼らはあくまでも投資助言業務ということで、関東財務局に登録していた。**投資助言業務というのは、中立的な立場から、顧客に投資環境や金融商品に関連する情報を提供し、運用のアドバイスを行うものだ。決して特定の金融商品を販売してはいけない**のである。

そのルールを無視して、3000人近くの顧客に対して海外ファンド会社との契約を結ばせたことが問題視されたのだ。しかも、実際にこの海外ファンドの会社から顧客と契約を締結した見返りとして、その契約額に見合ったコミッションを受け取っていたのだから、これは明らかに不当な販売業務といわざるを得ない。

しかも、この海外ファンドの会社は、日本国内でまったく認可を受けていない、イギリスのマン島にある保険会社「ハンサード社」の商品だった。**金融商品販売業者の認可を受けないまま、これまた無認可の海外ファンドを販売したのだから、金融庁が重い処罰を行うのも当然**のことだろう。

第二の問題は、誇大広告だ。**「いつかはゆかし」という、1億円の金融資産を作るための積立プログラムを、テレビや雑誌、新聞などを通じて積極的に広告していたが、この内容があまりにも現実離れしていた。**

「いつかはゆかし」の過去5年間の年平均利回りが15・34%だという表記がなされていたが、この商品への投資を顧客に助言したことはなく、実際に顧客がこの商品に投資したという事実もなかったのだ。

だが、そもそも**年平均利回りで15・34%を維持できる投資商品など、まず存在し得ない**

といってもいい。海外の機関投資家のなかでも高い運用利回りで知られているアメリカの大学基金でさえ、年平均で13％程度の利回りであることから考えれば、実現可能性が疑われるほど高い運用利回りをうたっていたことがわかる。

アブラハム側は、この積立に関して「月5万円の積立を30年間続ければ1億円」などと称していたが、これも実際には実現不可能だ。

たとえば手数料。

年間管理手数料に関していえば、初期積立期間である15カ月～24カ月は、時価総額に対して8％をハンサード社に対して支払う。そして、初期積立期間以降の累積積立期間については、時価総額の1％をアブラハム社がコミッションとして受け取る。

それだけではない。サービス手数料として毎月11・75ポンド（事件が発覚した2013年10月時点のレートで約1850円）が取られ、さらにアブラハム社への投資助言料として時価総額の0・945％が徴収される。

よく考えてみよう。パンフレットなどでは、アブラハム社が取っている手数料は、投資助言料の年0・945％だけということだったが、前述したように累積積立期間のコミッションである1％もアブラハム社に入るので、実質的に顧客の人たちは、年1・945％

をアブラハム社に支払っていたことになる。文字通りの二重手数料だ。

もっといえば、この手の契約はクレジットカード引き落としで月々の積立金を支払う形になるため、クレジットカードの手数料もかかってくる。

その結果、トータルでかかるコストを見ると、初期積立期間については初期積立期間の管理手数料8％＋クレジットカード手数料2・25％＋投資助言料0・945％＝11・195％。累積積立期間については累積積立期間の管理手数料1％＋クレジットカード手数料2・25％＋投資助言料0・945％＝4・195％となり、これに加えて毎月11・75ポンドのサービス手数料がかかってくる。つまり、年平均利回り15・34％を実現したとしても、そこからこのようなコストが取られたら、ほとんどリターンは残らないということだ。

アブラハム・プライベートバンクなど海外ファンドの取扱業者は、現状、詐欺罪こそ適用されていないが、こうしたコストを隠して、いかにも毎月積み立てていればトータルリターンは1億円になるかのような表記をしていたのだから、限りなく詐欺に近いといってもいいだろう。

悪いやつには
さらに悪いやつがつるむ！

アブラハムプライベートバンクは、海外ファンドの販売に際してＦＰ（ファイナンシャルプランナー）を広告塔に使っていた。

いずれもＦＰがアブラハム社を訪問し、そこで海外ファンドなどに関する説明を受けたうえで、自分の感想をレポートするという仕立てになっている。掲載されているのは、各ＦＰのウェブサイトである。

このような広告にだまされないためにも、どのような内容が書かれているのかということを、少々長くなるが以下に紹介してみよう。

みなさまこんにちは、

ファイナンシャルプランナーのＴ屋でございます。

今回は、最近電車の広告やＴＶＣＭなどでよくみる、「いつかはゆかし」について、取材の依頼がきましたので、話を聞いてきました。

まずは概要から。

「いつかは ゆかし」とはアブラハムプライベートバンク株式会社が提供する自分年金積立サービスです。

このアブラハムプライベートバンクという会社は、商品の販売会社ではなく、海外ファンドに直接積み立てて運用していく助言をする会社です。なので、この会社は投資助言業者となります。

私の体験ですが、数か月前、有名な海外ファンド（と思われる）ところから商品を扱わないかと勧誘があり、話を聞きに行ったことがあります。その時に調べたのでこの会社のことは存じていました。

また、日本で海外ファンドを扱うには、投資助言業の登録が必要なのですが、インターネット等で調べると、かなり無登録の業者（個人）が多いです。

もし受諾したら私もそうなってしまいますので断りました。

〈中略〉

例えば日本のものは、運用している会社は会社自身の資産と顧客の資産とは分けて管理（分別管理）することが義務付けられていますし、比較的情報開示もされているわけですから、その点では安心です。

それが、海外ファンドではどうなのかという点です。

海外でもグループ会社間で保管していたりする会社もあるそうですが、そういうところはアブラハムプライベートバンク社の方で調べて排除しているということでした。なるほど、こういうところでも安心を買えるのかなと思いました。

私見ですが、私も含めて日本人は、「海外のものはすごい」か「海外の者はあやしいか」と極端に考える傾向があると思います。

私もそうであったのですが、当然ながら、選べるファンドの数は増えた方がいいファンドを選べる確率は高まります。また、そのそもそも日本の制度も英国のものをマネしているものが多かったり、海外のものを参考にしているものも多いです。

よって、海外のものだから怪しいと考えるのはナンセンスだなと、今回考えさせられました。

ちなみにですが、広告にケチをつけさせてもらうと、キャッチコピーの「1億円は貯められる。月5万円の積立で。」に関しては、年利10%で30年間運用すれば月5万円の積立で確かに1億円になります。ただこれはあくまで理論的にであり、必ず約束されたものではありません。

また、資産配分によってリスクは減らすことはできますが、10%のリターンを得るためにはそれなりのリスク（ブレ幅）があります。


〈中略〉


まぁキャッチコピーがこうなので、あやしい印象もあるかもしれませんが、しっかりと登録している投資顧問業者ですし、話しを聞いた限りでは、とてもまじめに投資助言という事業を行っている会社だと感じました。

話しを「いつかは　ゆかし」に戻しますと、先ほど書きました通り、海外投資をするということは合理性があり、自身でするのは手続き面や投資先を探す面では大変でありますので、アブラハムプライベートバンク社を使うというのも合理的なのだなと感じました。

今回は海外についての考え方や知識について自分も大変勉強になったよい機会でした。

ありがとうございました。


いかがだろう。「海外ファンドを扱っている業者は大半が無登録であり、怪しい業者が多いものの、アブラハムは投資助言業者のライセンスを持っているから安心だ」といわんばかりの内容だ。年10％リターンの実現は、「それなりのリスク（ブレ幅）があります」として、一応、ＦＰという立場から中立っぽく見せる文章を書いているが、多額のコストによって10％の運用利回りを実現するのはほぼ困難であるという点には、いっさい触れていない。

ちなみに、このＦＰであるＴ屋君は、フェイスブックや自身のブログを持っていて、顧客を持ちながら相談業務を行っているようだ。日本ＦＰ協会にも所属していて、「ＣＦＰ（サーティファイド・ファイナンシャルプランナー）」というＦＰの世界における上級資格を有している。

正直申し上げて、CFPという資格を持っていながら、この手の連中の片棒を担いでしまうのかと、そのレベルの低さに暗澹《あんたん》たる気分にさせられる。ちなみに今回、アブラハム社のPRに協力したと思われるFPは、確認できている人だけで5名。このうち4人が日本FP協会の会員だ（1名は調べても出てこないので、ひょっとしたらFPではないのかもしれないが）。

海外銀行口座開設業者による悪どいぼったくりサービスの実態！

HSBC香港の口座開設は、今まで日本のパスポートと運転免許証さえあれば、誰でも簡単にできた。パスポートと運転免許証は本人確認ということで、口座開設時には必ず提出を求められる。

ところが、2013年12月10日から突如、日本の運転免許証では開設不可になり、代わりに国際免許証の提出が求められるようになった。もしくは、英文で書かれた銀行の残高証明書でもいいが、いずれにしても日本人が手軽に口座を開設できるという状況からは、ほど遠くなってしまったのも事実である。

また支店によっては、英語か広東語が話せない人への口座開設を拒否する動きもでてきた。ということでＨＳＢＣなどに口座を開設しようとして香港に渡航したものの、口座開設できずに帰国するという事態が発生している。

なぜ、このような事態が生じてしまったのか。

一番悪いのは、悪徳口座開設業者だ。彼らは、大した金額を入金しないのに口座開設を希望する人を、それこそ10人、20人と支店に連れて行っていた。少なくとも**ＨＳＢＣ香港側にとっては、こうした〝記念開設〟するようなお客はほとんどが意味がない。なぜなら、手間ばかりかかるだけで、特に運用はせず手数料などもほとんど取れないからだ。**このような日本人の口座開設手続きをさせられていたため、ＨＳＢＣ香港側としても業務の妨げになると判断したのだろう。

とはいえ、ＨＳＢＣ香港に日本人がまったく口座を開けなくなったというわけでもない。確かに、ＨＳＢＣ香港の口座開設が難しくなったというのはその通りで、かつてのように手軽に口座を開くことができなくなってはいるが、それでも、ＨＳＢＣ香港とのリレーシヨンシップがきちっと取れている海外銀行口座開設業者であれば、今でも何ら支障なく口座開設ができる。逆に、なかなか口座が開設できないのは、良好な関係をHSBC香港と築けてない悪徳業者だ。

そういった人たちが「口座開設ができなくなった」などと騒ぎ立てている。そして、恒生銀行やスタンダード・チャータード銀行といった使い勝手の悪い銀行の口座開設へと誘導し、その都度、口座開設手数料として5万円、7万円という額をかすめ取っているのだ。

そもそも海外の銀行口座を開設するのに手数料などいらない。HSBC香港以外の銀行で5万円、7万円という口座開設手数料を要求するような海外銀行口座開設業者というのは、ほぼ間違いなく悪徳業者であると判断していいだろう。つまり、**HSBC香港の銀行口座を開設できるかどうかというのは、その業者が悪徳なのか、それとも優良なのかを見極めるフィルター代わりにもなる**わけだ。

もっというと、最近では海外法人設立や就労ビザ取得の手続きを代行する際に、法外な手数料を要求する業者もいる。このような手合いに対しては、実際の「相場」を把握しておけば、未然に〝ぼったくり〟に遭わずに済む。

実際の相場だが、オフショア法人設立は2万5000香港ドル前後、就労ビザ取得は1

万2000香港ドル前後だ。それなのに、この香港には法人設立や就労ビザ取得だけで、何と数百万円もの手数料を要求する業者もいる。呆れてものが言えないとは、まさにこのことだ。

確かに、海外の諸手続きには「時間とカネがかかる」と思い込んでいる人も多いようで、だからこのような法外な手数料がまかり通っているわけだが、この手の詐欺行為にだまされてはいけない。そもそも**30万円程度でできる手続きに数百万円も支払わされるなど、あまりにもバカらしい**話ではないか。

最初からだます気しかなかったブックメーカー投資をかたった詐欺プロジェクト

ブックメーカーというのは、とにかく何でもギャンブルにしてくれる会社で、サッカーのワールドカップの優勝国や、各国の大統領選挙の結果、オリンピックの開催地、ノーベル賞受賞者、果てはクリスマスの日に雪が降るかどうかも賭けの対象になる。

このブックメーカーを用いて、あたかも高利回りで運用できると見せかけ、顧客の資金をだまし取る詐欺事件があった。その詐欺投資は「スポーツアービトラージ」と呼ばれていた。

どんなスキームだったのか。

これはもう、実際に勧誘を勧めていた人物の勧誘メールを引用したほうがわかりいいだろう。

お世話になります。チャーリーです。

アービトラージ取引に興味を持って頂いた皆さんに連絡させて頂きます。

スポーツブックへのアービトラージ取引は、投資と考えず、アービトラージ取引を効率的に行っている香港企業への融資とお考えください。

現在はスポーツブックメーカー間で鞘が発生しています。これは国により、地方により、人気不人気が分かれるため、スポーツブックメーカー毎に、同じ取引の中でも配当の差が発生しているのです。

これを鞘を見つけ、売買を繰り返すのが暫定取引、アービトラージ手法になります。

〈中略〉

現在私の友人の会社では香港で700名～1000名のスタッフを採用し管理を行い、非常に効率的な取引を行っています。

アービトラージ取引は、理論的に言えば負けのない取引ができます。そして彼らは月間18％程度のリターンを取っています。自らの口座で、日本国内が取引をすることもできますが、これは非常に非効率的です。毎日6時間～8時間パソコンの前にしがみつき、更に言えば、10名程度の体制を最低限作らなければメリットを得られません。ひとつの口座で運用できるマックスの金額が小さいため、幾つも分けた口座で運用しなければいけないのです。

そしてIPアドレスも管理されるため、ひとつのIPアドレスで、1つの口座しか運用ができないため、10名の体制を作るにしても、10軒の家で運用を行わなければいけないのです。

既に友人の会社では5年間この取引を行っています。現在は10億円規模で資金を動かして運用をしています。人を上手に回す、そして各スポーツブック間で上手に資金を動かすノウハウが出来上がっています。

今回のアービトラージ取引は、この会社への資金の貸付となります。この会社に資金を貸し付ける形を取り、利息の形で毎月お金が個々の口座に払い込まれます。今後の数年間は安定した取引リターンが期待できます。毎月のリターンは5％。年間60％です。取引単位は最低額100万円、あとは100万円単位となります。仮に100万円を入れておけば毎月5万円となります。

リターンされる通貨は基本的にはHKドルでお考えください。あくまでも会社間同士の信頼関係に基づく形での投資となり、元本が保証されるものではありません。この部分には注意をしてください。

Globalとしてこの取引を保証するものではなく、運用会社を紹介させて頂き、運用会社と各個人、マカオ法人が金銭借用契約を結ぶ形となります。ただしGlobalがご紹介させて頂いたお客様の融資に関しては、毎月一度はGlobalからスタッフが香港の会社を訪れ、詳細を毎週ミーティングで確認していきます。

そもそも、**月間リターンは5％で年間60％の取引リターンということ自体、あり得ない話だ。もともと運用などしておらず、最初からだますつもりだったと言わざるを得ない。**

契約は、出資法違反を免れるために金銭借用契約を結ばせるなどして、最初に多額のお金を集めて、姿をくらます手法だ。このスキームで、250億円もの資金を集めたといわれている。

また、これと同様の手口で「HSBCギャランティファンド」というものもあったが、こちらも破綻した。ちなみにHSBCと名乗ってはいるが、海外投資家の多くがお世話になっている世界的な銀行のHSBCとは、まったく関係のない会社である。

この問題をさらにややこしくしたのは、100万円を投資して毎月得られた配当5万円で、さらに、フレンズプロビデント社など海外ファンドの積立をさせていた悪徳代理店がいたということだ。Global社以外にも、スポーツアービトラージ社への仲介を行っている代理店があり、そのなかには、海外ファンドの代理店ビジネスを展開しているところもあり、スポーツアービトラージと海外ファンドの合わせ技を考えたのだろうが、結局、スポーツアービトラージが破綻したら、配当も入ってこなくなるので、そのまま積立自体も成り立たなくなったのだ。

アジア新興国が舞台のおいしい海外不動産話ほど危ない！

特にこの数年、急速に盛り上がってきているのが、海外不動産投資である。

かつて海外不動産の取得といったら、ハワイにコンドミニアムを持つなど、本当の富裕層でなければ手を出せないような物件が中心だった。

それが今はどうだろう。

香港、シンガポールは不動産価格が高騰していて、これもハワイのコンドミニアムと同様、本当のお金持ちでなければ手を出せない。

マレーシアもあまりに海外からの不動産投資が増えたせいか、最近は規制を厳しくしている。海外の投資家が積極的にマレーシアの不動産を買い漁るので、マレーシア国民が簡単に手を出せないほどに不動産価格が値上がりしてしまっているのだ。

「それじゃあ、大金持ちでなくても、比較的手を出しやすい海外の不動産物件はどこにあるのか？」ということで、このところ、にわかに「海外不動産視察ツアー」などと称して人気を集めているのが、カンボジア、ベトナム、ミャンマー、インドネシア、フィリピン、タイ、バングラデシュといったアジア新興国だ。

いずれも確かに土地は安い。普通のサラリーマンでも、ちょっとがんばれば手が出せないこともない。そのため、アジア新興国の不動産投資に対する関心が、にわかに高まってきたわけだが、正直なところ、**アメリカ本土やハワイなどの不動産投資に比べてリスクが高い。**

たとえば「プレビルド案件」というものは要注意だ。プレビルドというのは、建てる前の段階で契約を結び、購入代金を入金。その代わり、幾分か価格を割り引いてくれるというもの。一方、デベロッパーは前倒しで入ってきた購入代金を建設資金に充てて、マンションなどを建設する。この方法を使えば、デベロッパーも建築に必要な資金を銀行などからの借入に頼らずに済む。

しかし、ひとつ大きな問題点がある。それは、建物が完成する前に資金繰りが悪化した場合、どうするのかという問題だ。途中で資金計画が狂ってしまうことなど、建設プロジェクトではよくあることだが、もしそのような事態になった場合、多くのデベロッパーは、その時点で建設工事そのものを取りやめてしまう。そして、残るのは中途半端に建設されたマンションなどであり、当然、そこに住むのは不可能だ。

そのうえ、**計画がとん挫した場合、払い込んだお金が戻ってくることはない。**これが非常に大きな問題点だ。プレビルドの場合、集めた資金を建設資金に回しているのだから、資金計画が狂えば、その建設会社の金庫にはもう一銭も残っていないケースが十分に考えられる。

ましてや、仮にデベロッパーが倒産したら、すでに納めている購入代金はまず戻ってこない。

他にも問題点はある。**インドネシアやミャンマー、バングラデシュなどでは本来、外国人による不動産投資は認められていない。**しかし、現地の人の名義を借りれば投資できる。その意味では非常にグレーだ。このように他人名義を借りて投資をした場合、もし名義人が死亡した場合に生じる相続をどうクリアすればいいのか。

いずれにせよ、こうした海外不動産投資を行う場合、たいていの人は日本国内の仲介業者を通じて物件を探す。多くの日本人は外国語が堪能ではないので、どうしても間に仲介業者が介在することになる。

当然、前述のようなとん挫、倒産などのトラブルに巻き込まれた場合、仲介業者にトラブル解決をお願いするのが普通だ。しかし、このような取引は現地のデベロッパーと契約者の間で交わした契約になるため、法的に考えると日本の仲介業者は無関係ということになってしまう。

つまり、**トラブルが発生した場合は、自分で現地のデベロッパーと交渉し、解決を図らなければならない。**よほど語学に堪能でない限り、交渉は難航するだろう。なかには、最初からだますことを前提にして、顧客を勧誘しているケースもあるのだ。

悪い事例から逆説的に考える それでも海外投資を勧める本当の理由

このように、さまざまなトラブル事例があると、海外投資には手を出さないほうがいいのではないかという気にもなるだろう。

ただ、それでも海外投資にはふたつの大きなメリットがあることは本書でも何度か触れてきた。

第一に、**もしもの場合に備えられること。**「もしもの場合」などは、あまり考えたくないことだが、要は日本のカントリーリスクが高まったというときだ。

第二に、**海外には面白い投資対象がいろいろある**ということ。純粋に好奇心をくすぐられる。日本もバブル経済が崩壊してから金融自由化が進められ、それなりに商品組成の自由化が進んだが、海外の場合、やはり日本にはないスキームの投資商品がたくさんある。

もちろん、だからといって常に高いリターンが得られるという保証はどこにもないが、**これから資産形成をしていくうえで、幅広い視野は必要だ。**

このふたつのメリットだけでも、海外投資に視野を広げておく価値はある。

そして何よりも、日本は今、良しにつけ悪しきにつけ、いろいろなことが大きく変わろうとしていることを忘れてはいけない。

何といっても、**デフレ経済からインフレ経済への転換という、非常に大きな構造転換期を迎えている**のだ。円の価値が変わっていく時代に、どうしたら自分の資産の価値を高められるのか。よく考えてみなければならない。

終章

静かに進んでいるキャピタルフライト

今、香港で進みつつある日本人が知らない新たな変化

私が香港を拠点にビジネスを始めるようになって、かれこれ8年が経過した。香港では、就労ビザを取得して7年が経過すると、永住権を取得することができる。私も申請して、永住権を取得した。

香港に住んでいることが、何か〝特別なこと〟という意識は、この数年で急速に薄れた感がある。

私が最初に香港で生活したのは20年も前のことだ。当時、ちゃんとした日本料理屋は数店舗しかなく、日本の食材を売っているお店も数えるほどしかなかったと記憶している。東京から友人が香港に来るときには、日本の雑誌やドラマを録画したビデオテープを、たくさん持ってきてもらった。

それから20年。

今の香港は、もう日本で生活しているのと何ら変わりのない環境が整っている。インタ

ーネットテレビを通じて、日本のテレビ番組をリアルタイムで視ることができる。日本料理屋は600店舗を数えるまでに増えた。話す言葉も英語と広東語がメインだが、実は日本語でもある程度コミュニケーションをとることができる。そして何よりも、香港で生活する若い日本人が増えた。

私が初めて香港で生活した1993年当時、香港で生活している日本人といえば金融関係者が中心だったが、2005年に再び香港での生活をスタートさせたときは、メーカーの人が多かった。香港で生活しつつ、出張で中国本土に行き、そこでビジネスをするという人たちだ。

そして今、香港で生活をしている日本人を見ていると、日本で一財産を築き、その財産を香港で運用し、その運用益で暮らしているという人が、徐々に増えてきた気がする。日本で一生懸命に働き、1億円程度の財産を作って香港に移住する。香港で運用すれば、年間10%程度のリターンは得られるだろう。キャピタルゲイン課税も利子課税も課せられないので、10%のリターンはまるまる投資家の手に入る。1000万円もあれば、ここでは十分に生活できるはずだ。

結果、**香港にはさまざまな日本人が集まってくる。**

年間1億円を稼ぐカリスマブロガーもいれば、それこそ数十億円の個人資産を有しているお金持ちもいる。シンガポールや香港、中国本土で外食チェーンを展開しているビジネスマンや、銀座の高級有名お寿司屋さんも、満を持して香港に進出してきた。ここが異国であることを意識することなく、まるで東京に住んでいるかのような感覚で、日常生活を送ることができる。しかも、香港の人たちは、その多くが親日家だ。

そして、ここが非常に肝心な点だが、香港にはお金を増やす環境が整っているのだ。

稼ぐ力のある人ほど日本を捨てているという現実を直視すべき！

これは、私自身が身をもって経験したことだ。かつて日本で生活していたころは、ふたつの会社から給料を得ていた。そのため、額面の給料はかなりのものだったが、なぜか手元にはほとんど残らなかった。

税率が高かったからだ。

仮に日本で2000万円の年収があったとしても、その半分は税金に持っていかれてをしまう。手取りは1000万円程度のものだろう。年金をはじめとする社会保障費もすこぶる高い。

しかし、香港なら所得税率は15％程度。同じ額面の年収でも、手取りは1700万円にもなる。

この差は非常に大きい。日本で暮らすのがバカらしくなるのも無理はないだろう。そういう人たちが、今の香港には大勢いる。

日本にとって、これはゆゆしき事態だ。政治家が、どこまでそれを認識しているのかはわからないが、**要は稼ぐ力のある人が、どんどん日本を捨てている**ように見える。本来、そういう人たちは日本で稼ぎ、日本のGDPの底上げに寄与するべきなのだろうが、現実はそうではなくなってきている。

お金持ちが自分の資産を香港などの海外に移し、悠々自適な生活を送るようになったら、どうなるだろうか。あるいは、日本で年金をもらっているリタイアメント層の人々が、老後の生活拠点を海外に移し、そこで生活するようになったら、どうなるだろうか。

そう、**日本の富がどんどん海外に流出してしまうのである。また、本来なら日本経済を支えるべき優れた頭脳も海外に流出してしまう。その先に待っているのは日本の衰退だ。**

確かに、アベノミクスによって一時的に、日本経済は息を吹き返しつつあるようにも見える。が、少なくとも香港に移住する日本人が増えていることから考えると、むしろ今の日本は、個人レベルのキャピタルフライトと人材流出によって、衰退の一途をたどっているように思えてならないのだ。

普通の人が自分の身を守るためにとるべきたったひとつの行動原則とは？

これから日本経済がますます苦しくなっていくとして、では、個人としては何ができるのだろうか。

正社員として企業に勤めていても、これまでのような終身雇用はもはや期待できなくなっている。かつては出向先まで用意されていた終身雇用制で、企業は文字通り一生生活できるだけの保証をしてくれたが、今の時代にそれを期待するのは無理だ。年金も、これから先はどうなるかわからない。**企業にも国にも頼れなくなるなか、結局、頼れるのは自分の実力ということになる。**

しかし、本当に優秀な人材というのは極めて少ない。私自身、かつては日本の大企業に勤めていたからわかるが、**本当に優秀な人材というのは同期のなかでほんの3％程度のものだ。残りの97％は部長にまですら上がることができず、兵隊のままで終わる。これが現実だ。**そこをしっかり認識しておく必要がある。

では、97％の人はどうすればよいのか。何の努力もせず、現実を受け入れるだけでよいのか。日本の国力が衰退していくとしたら、97％の人たちの生活水準は、どんどん下がっていく一方になる。

恐らく、多くの人は、「このままだとヤバイ」とは思っているのだろう。でも、どうすればいいのかもわからない。

その答えはひとつ。

若いうちからきちっとお金の計画を立てて、実践することだ。

多くの人は40歳を超えてから、慌てて積立投資を始めたりする。けれども、それでは時間が足りない。複利効果を生かし資産を大きく増やすには、定年を迎えるまでの20年程度の時間ではなかなか難しいのだ。

しかし、20代から自分の将来を見据えて、きちっと資金計画を立てている人なら、十分に資産を増やすことができる。**働いて稼ぐことはもちろん大事だが、それと同時に、稼いだお金を運用によってさらに増やすことを同時並行で行って、初めて豊かな老後資金を築くことができる**のだ。

お金さえあれば誰でも〝自分の足〟で歩いていける！

ＦＰなどのなかには、「積立貯蓄」を勧めている人もいる。正直、この手の考え方はズレているとしかいいようがない。

確かに、何もしないよりはマシだ。しかし、日本の預貯金で積立をしたからといって、どれほど資産を増やせるのだろうか。この本でも何度も触れてきたように、日本は今、ゼロ金利であり、これが近々、上昇に転じるとはとても思えない。

ということは、いくら積立貯蓄をしたとしても、そんなものは単なる現金の積み増しに過ぎなくなってしまう。仮に1カ月に3万円を積み立てたとしても、1年間で36万円。10年間で360万円にしかならない。その程度では、安心して老後を迎えることなど、とてもできないだろう。

それればかりか、ますます衰退の一途をたどる恐れのある会社にしがみつくことになる。40歳、50歳になってからそれに気づいても、もう遅い。さらに、そのころには、肩たたきにあう恐れもある。そこからゼロスタートで資産を築こうとしても不可能だ。

しかし、会社に勤め始めてから計画的に資産運用をしておけば、40歳になったころには、ひょっとしたら数千万円レベルの資産を築けているかもしれない。そうすれば、自分から会社を辞めることができる。そのお金を元手にして事業を興してもいいし、アーリーリタイアメントをしてもいいだろう。いずれにしても、**お金があれば〝自分の足〟で歩いていくことができる**のだ。

これからの日本経済は、間違いなく激動の時代を迎えることになるだろう。そのなかで生き抜いていくためには、できるだけ早いうちから資産を形成していくことだ。知識や立場だけで、この世の中を渡っていくことはできない。

何だかんだいってもお金は一生涯必要だ。だからこそ、資産を増やしておく必要がある。そのための選択肢のひとつとして、海外投資を検討する価値は十分にあるはずだ。

経験して初めてわかった日本を離れてみて得られること

前述したように、私は生活の拠点を香港に移すことによって、多少の資産を築くことができた。なぜなら、香港の税率が日本に比べて格段に低いからだ。どれだけ低税率かは後述するが、日本はとにかく税金が高い。もし、自分で一財産を築こうとしたら、究極の選択ではあるが、香港への移住を断行するしかないだろう。

それは、同時に日本の「非居住者」になるということでもある。

非居住者というのは、簡単にいえば、日本国内に住所を有していない個人、または現在まで引き続き1年以上、住所を有していない個人のことだ。つまり、日本国内に住民票を持っていない日本人、ということになる。

これに対して居住者とは、日本国内に住所を持っている個人、あるいは現在まで引き続き1年以上、日本国内に住んでいる人のことを指す。居住者の場合、いうまでもないが、日本で税金を納める義務を負っている。しかし非居住者になると話が違ってくる。非居住者の場合、日本国内で発生した所得については課税対象になるが、海外で発生した所得については、日本での課税の対象外になる。したがって、どうしても税金を軽くしたいのであれば、海外に移住して日本の非居住者になるというのが、一番の近道になる。

ただ、非居住者になる場合、いくつかの点で注意が必要だ。

第一に、日本国内に資産を持っている場合、そこから発生する収益については、日本国内で課税されてしまうことだ。たとえば日本で株式を保有している場合、あるいは日本の銀行に預金している場合など、そこから発生する売買益、配当金、利息については、すべて課税対象になる。したがって、非居住者として日本で納税せずに済む道を選ぶのであれば、非居住者になる際、日本国内にある資産を海外に移す必要がある。

第二の注意点は、非居住者になること自体が、かなりめんどうであることだ。

まず住所を移すのは、それほど大変なことではない。日本の住民票を抜いて、海外の新たな居住先に引っ越しをすればよい。しかし、自分だけがいくら海外に移住したとしても、日本に家族を残していて、かなりひんぱんに日本と海外を往復していると、日本に住所があるとみなされてしまい、非居住者と認められなくなる恐れがある。非居住者になるためには、生活の拠点そのものを完全に海外へ移さなければならない。

あるいは、日本国内に仮住まいがあって、さらに半年以上日本国内でビジネスをすると、これまた日本国内に居所があるとみなされて、居住者扱いになってしまうケースもある。したがって、非居住者になるためには、できるだけ日本国内に滞在せずに済む方法を考えなければならない。ちなみに、私の場合は完全に香港に住まいを移しているし、仕事の拠点も香港なので、日本の居住者には該当しない。

「海外生活って不安じゃないのか」と、よく質問される。まあ、確かに日本から遠く離れたヨーロッパや、中南米諸国の隅っこ、アフリカなどに行くのだとしたら、多少は不安感にも駆られるだろう。しかし、**香港は日本から飛行機で4時間程度の距離でしかない。日本に帰ろうと思えば、いつでも帰ることができる。**そのうえ、前述したように日本との住環境は、ほとんど変わらない。日本語も意外なほど通用するし、日本食レストランも揃っている。日本食の材料だって、いろいろなところで売られている。もっといえば、日本のテレビ番組だってリアルタイムで視聴できる。正直、香港に住んでいると、海外居住であることを忘れて、日本で生活しているような錯覚に陥ることさえある。

こうなると、**これからの時代、日本に縛りつけられた生活を送る意味は、もうどこにもない**のではないだろうか。もちろん、先祖代々続いている土地や墓を守り通さなければならないのであれば、また話も違ってくるだろう。しかし、核家族化が進み、なかには一生独身で暮らすというライフスタイルを選択している人もいるというのが現実だ。

また日本国内に雇用がないのであれば、香港でビジネスをやってやろうというくらいの気構えを持ってもいいのではないだろうか。いや、「気構え」なんて力まなくてもいい。もっと**気軽な気持ちで、日本の非居住者になるという選択肢を持てば、生き方に幅が出てくる**はずだ。実際、そういう日本人を、私は何人も知っている。

如実に違う香港と日本の税制と負担率

では、香港は日本に比べて、どれだけ税制面で有利なのか。比較してみよう。

【所得税】

日本は2014年まで最大40％で、2015年から最高税率は45％になる。これだけ重い所得税が課せられていたら、それこそ働くのがバカらしくなってくる。今後、日本の財政事情が悪化するなかで、特に高額所得者ほど税率が高くなる恐れもある。これでは、ますます日本から優秀な人材を海外に逃がしてしまうことになりかねない。香港の場合、所得税率はたったの15％だ。

【住民税】

日本では、個人の所得に対して所得税だけでなく、地方税の一環として「住民税」が加算される。税率は約10％。ということは、高額所得者の場合、所得税と合わせると約50％もの税金を課せられることになる。自分が汗水垂らして稼いだお金の半分が国と地方に持っていかれる国とは、いったいどうなっているのだろうか。香港には住民税はない。

【消費税】

日本の消費税率は、2014年4月に5％から8％に引き上げられた。さらに2015年10月には、現行の8％から10％に引き上げられる予定だったが、これは一時凍結。しかし、あくまでも一時凍結なので、安倍首相が表明したように、景気が良くなればさらなる増税話が息を吹き返してくる。そうでなくても、現在の財政赤字を消費税の増税で対応しようとしたら、いずれ20％超の税率にしないとカバーできないという声もあるのだ。日本は所得税、住民税に加えて消費税がかかるので、個人にとっては非常に重税感がある。ちなみに、香港では消費税の類はいっさいない。

【相続税】

これもどんどん重くなっていくのが日本の傾向だ。こちらは、２０１５年１月から、相続税の課税最低限が引き下げられることになった。

２０１４年までの相続税は、５０００万円の基礎控除額に加えて、１０００万円×法定相続人数が相続財産から控除できた。仮に法定相続人が妻と子供2人の場合だと、法定相続人が3人なので、これに１０００万円を掛けた３０００万円と、基礎控除額の５０００万円を合わせた８０００万円を、相続財産評価額から控除できる。相続財産額が８０００万円を超えるケースというのは、そこそこ豊かな世帯であり、その意味で相続税というのは、富裕層に課せられるものというイメージが強かった。

ところが、２０１５年1月からの相続税改定は、〝相続税の一般大衆化〟を促すものになる。基礎控除額は３０００万円に引き下げられるとともに、法定相続人１人あたりの控除額が、それまでの1000万円から600万円に引き下げられる。結果、法定相続人が妻と子供2人の場合、600万円×3人の1800万円に、基礎控除額の3000万円を加えた4800万円を、相続財産評価額から差し引けることになるのだ。

4800万円といえば、都内に自宅を持っている一般サラリーマン家庭なら、十分に相続税の課税対象になる。その意味で、相続税の一般大衆化といわれるのだ。それとともに相続税の税率は、2015年から最高で55%と非常に高く設定されている。つまり、代々、相続財産を引き継ごうとしても、2代目、3代目になると税金で財産の大半を失う結果になる。ちなみに、香港では相続税の類もいっさいない。

【贈与税】

贈与税も日本では非常に高く、こちらも2015年から最高税率は55%にもなる。これに対して香港の場合、贈与税もいっさいかからない。

【配当・利子課税】

日本では株式の配当金、投資信託の分配金、そして預貯金の利子に対して、その20%が源泉分離課税される。2014年1月からNISA（少額投資非課税制度）が登場し、毎年100万円（2015年以降は120万円）を株式か株式投資信託に投資した分から生じる配当金、分配金は非課税になったが、それ以外はきちっと課税される。香港の場合、配当金や利息に対する課税はなし。

【株式売買益】

NISAの口座を用いれば、株式や株式投資信託の値上がり益も非課税対象になるが、それ以外の口座で投資した場合、株式や投資信託の値上がり益に対して課税される。申告分離課税を選択した場合は、売買益の20・315％が徴収される。もちろん香港の場合は、こうした売買益に対する課税も行われない。

【法人税】

日本の場合、まさに今、法人税の減税が議論されている最中だが、減税が行われる前の税率は、約40％にも達する。これに対して、香港の法人税率は16・5％。非常に大きな差が生じている。

ちなみに、これはあくまでも余談だが、香港では酒税もかからない。あくまでも蒸留酒以外だが、ワインなどは酒税がかからないため、日本に比べて格段に安く飲める。

香港永住権という夢を現実のものとするために必要なこと

完全に日本の非居住者になるのであれば、私のように香港の永住権を取得するに限る。永住権を取得すれば、香港人と同じように、ビザの更新に手間やコストをかけることなく、香港に住み続けられるということだ。それに加えて、日本の数々のバカげたシステムからも逃れられる。

では、どうすれば香港の永住権を取得できるのか。一般的な方法としては、香港に居住して、香港で就職するという手がある。そして、香港の就労ビザを取得して、期限が来るたびにそれを更新しながら、ともかく7年間、香港に居続ける。7年間香港に居住したことを証明できれば、誰でも香港の永住権を取得できる。

ただ、なかにはそれが面倒だという人もいるだろう。永住権を取得するのに、わざわざ香港で働かなければならないのは避けたいという気持ちはわかる。

一方で、投資ビザを取得すれば、香港で働かなくても7年間生活するだけで香港の永住権が取得できる。ただし、投資ビザを取得するためには、1000万香港ドルを投資しなければならない。1香港ドル＝15円としたら1億5000万円だ。したがって、基本的には大金持ちしかできないだろう。

何よりも大事なことは、永住権を取得する、取得しない以前に、香港で生活するための糧を稼げるかどうかという点だ。いくら税金が安いといっても、仕事がなければ日々の暮らしができなくなる。

仕事をあまりしなくても香港で生活するという、おいしい方法はないかというと、ひとつだけある。それは「投資をする」ということだ。投資をすることによって得た利益で生活費を稼ぐのである。

もちろん、この方法を実現するためには、ある程度の元手がいるのは事実だ。100万円、500万円という資金では、かなり無理をした利回りを実現しない限り、いくら日常の生活に必要なコストが安い香港でも、生活を続けていくのは困難だ。正直なところ、**投資のリターンで香港暮らしをするためには、1億円程度の元手はいる。**

1億円を年7%のリターンで回すことができたら、日本円で700万円程度の投資益が生まれる。前述したように、香港ではこの投資益に対して課税されないから、まるまる投資家の手元に残る。

「香港は家賃が高い」、「生活費が高い」などといわれるが、家賃の高さは、それこそ日本でいう丸の内のような場所に住むから高いのであって、香港の中心地から離れた郊外に住めば、20万円程度で広い部屋に住むことができる。食べ物にしても、現地での生活実感からいえば、日本ほどに高くはない。年間700万円程度の収益を生み出すことができれば、香港でも十分に暮らしていける。

香港で法人設立！ビジネスチャンスを海外でつかもう！

海外で法人を設立する。

というと何か難しいことととられがちだが、実はそんなに難しいことではない。私も日本から香港に移住したときに、今のビジネスのベースとなる法人を設立した。そのおかげで、香港を拠点に世界中の企業と取引ができるようになった。ここでは、海外法人を設立すると、どのようなことができるのか紹介していきたい。

まず、海外で法人を設立するにあたって、「香港法人」と「オフショア法人」の2種類が考えられる。法人の事業内容によって、どちらの法人が良いかが変わってくる。

香港でビジネスを展開したい、香港に居住したいというのであれば、香港法人が必要となる。この法人は香港で登記され、香港政府から営業許可を受けた法人なので、登記手続きが済めば自由に事業を行うことができる。

なぜ自由に事業が行えるのかというと、日本の法人と違い定款に事業内容を細かく記載していないのだ。法人設立サポートとコンサルティング業、貿易業、インターネットの広告代理店などということも、ひとつの法人があれば全部できてしまう。法人設立後に事業内容を変更するのもいたって簡単だ。

それに、香港に居住していなくても香港法人を設立することは可能なので、日本に居住しながら営業はメールで、資金管理はインターネットバンキングで行い、出張ベースで香港に通うといったコストを抑えた運営もできてしまう。香港法人の株主、役員は日本居住者でもかまわないのだ。

香港法人とオフショア法人の比較

	香港法人	オフショア法人
法人設立費用	22,000香港ドル前後	25,000香港ドル前後
法人維持費用	10,000香港ドル前後	13,000香港ドル前後
営業範囲	広い	広い
当時情報開示	あり	なし
日本居住者の設立	可能	可能
会計監査	必須	不要
法人税率	16.5%	0%
納税義務	あり	なし
維持コスト	高い	低い
香港就労ビザ	申請可	申請不可
自社事務所設立	レンタル可	不要
登記必要書類	パスポートと現住所証明	
法人名義投資	可能	可能

次にオフショア法人について紹介していこう。

オフショア法人というと、中南米カリブ海地域のBVI（ブリティッシュ・バージン・アイランド）が有名だが、ここ最近香港の金融機関が法人口座開設を受け付けなくなってきたので、セーシェルやサモア法人など法人口座開設が可能な地域で、法人を設立するようになってきた。

これらの法人はビジネスを行ううえで違いはほとんどない。しいていえば、法人口座が開設できる法人を選ぶことだ。せっかく法人を設立したのに、金融機関に法人口座が開設できないのであれば何の意味もないからだ。

この法人を使うメリットは、海外からのコミッションの受け取りやネットビジネスの収益を受け取るなど、日本や香港以外で行うビジネスに活用することができる。法人の登記情報が第3者に非公開であり、会計監査も義務づけられていないので、本国に法人税を納税する必要がないという、日本法人とも香港法人とも違った性質の法人となる。

法人設立手続きはサポート会社に依頼をすれば、日本に居ながらにして済ますことができる。香港に渡航するのは、法人口座開設手続きの一度だけでかまわない・ワンストップサービスを提供する会社を選べば、法人の管理、登記住所の使用、郵便の受け取り、会計監査のサポートまですべて行ってくれる。

海外投資と違い、法人設立は目的や用途によりアドバイスをするポイントが違ってくるので、法人設立に興味のある方は、本書では個別のアドバイスができないので、私の経営する「CCM香港」に問い合わせをしてきてほしい（http://www.ccm.com.hk）。

投資で勝つためには、まずいろいろと試してみるのが一番

投資である程度のリターンが得られるようになるには、まずは何でも試してみるのが一

番だろう。参考のため、これまで私自身がどのような投資を行ってきたのか、あまりうまくいかなかったものも含めて、最後に簡単に紹介していこう。

【海外ファンド】

自分自身の資産のベースを作るものとして、今も海外ファンドの運用は継続しているが、ファンドの選定・スイッチングなどを実行してくれるＩＦＡ（投資顧問会社）は変更している。本書の第4章でも触れたが、最初は運用能力がほとんどないＩＦＡに運用を一任したため、結果は惨憺たる有様だった。その後、別のＩＦＡに乗り換えて運用を継続している。こちらは比較的安定した運用成果を積み上げてくれているので、安心して運用を任せている。

【ＦＸ】

かつてはZulu Tradeのような自動売買システムを用いて運用したこともあったが、あれは好調なときはなかなか高いリターンを実現してくれるのだが、ダメなときはとことんダメ。トラックレコードの安定性がないことと、自動売買とはいえ、かなり、張り付きでシステムの運用成績をチェックする必要があることなど、思っていた以上に手間がかかるので、今は休眠中。逆に、「ここがチャンス」というときにだけ、FXで為替の取引をやっている。

【ランドバンキング】

これは完全な長期投資用のツールなので、現金化できるタイミングが来るまで、ひたすら持ちっぱなし。

【金】

金もあくまで長期的に大きく値上がりするという方向に賭けているので、先物取引はせず、あくまでも現物を保有している。

金価格が下落したところで、金ののべ棒をコツコツと買い増し、すべて香港の銀行の貸金庫に保管している。数年後、1トロイオンス＝3000米ドルが目標値なので、これはもうひたすら保有。

【セービングプラン】

要するにＨＳＢＣ香港の養老保険だ。

理由は不明だが、香港ＩＤの保有者でなければ加入することができないという不思議な商品である。これがもし日本人でも簡単に加入できるようになったら、恐らく日本の生命保険会社は大半が倒産してしまうと思えるくらい、優れた商品性を持っているからだろう。

私は２００９年と２０１０年に、この商品を購入した。

具体的なプランだが、３年間積立で積立総額は３００万香港ドル。20年満期で、満期時には約５４８万香港ドルが受け取れるというものだ。これも長期で資産形成するための商品として保有し続けている。

【再生可能エネルギー債】

年率８％のイタリアの再生可能エネルギー債を、２年ほど前に20口（１口１万ユーロ）購入（購入当時のユーロ／円レートで約２０００万円）。１年１回の利払いで１万６０００ユーロ（約２３８万円）が手に入る。私は世界を旅行するのが趣味なので、年末年始の海外旅行の軍資金に充当している。購入時のユーロ／円レートが１ユーロ１００円程度だったので、現在対円で149円のユーロ/円レートに換算すれば元本でも49%(現在の為替レートで約3000万円)も為替差益が出ていることになる。もっとも、私は香港に住んでいて円で生活していないので、円建ての為替差益は関係ないが。

このように見ていくと、大半の資産は長期的に増やしていくことを前提にしているものが中心である。短期のリターンを狙うものとしては、FXくらいのものだろう。FXについては、昔、日本のFX会社に勤務していたことがあり、多少の相場勘はある。それを駆使して、相場を取りにいく。

ただし、FXのようにボラティリティの高い商品で運用する場合は、あくまでも自分の資産総額を見ながら、あまり大きなリスクは取らないようにしている。

皆さんの投資生活の参考になれば幸いだ。

おわりに

ここまで駆け足でいろいろと説明してきたが、なぜ資産防衛のために海外投資が重要なのか、振り返ってもらいたい。

ＩＭＦ（国際通貨基金）によると、２０１４年の10月の時点で日本のインフレ率は２・66％となった。これは、ある意味アベノミクスが予想以上に浸透した結果かもしれないが、かたや市民の所得は上がったかというと、一部輸出企業を除けば大半が上がっていない。つまり、収入が変わっていないのに、インフレのために支出は増えて、収支は悪化している。

では、それを補うために何ができるのか。

貯蓄をして利子を増やす、もしくは国内で運用して少しでも資金を増やす。

しかし、貯蓄をしても普通預金の金利は多くても0・02％、定期預金でも0・33％程度である。とてもインフレ率には追いつけない。貯蓄をしても、その資産の価値はどんどん下がるのである。

一方、国内で投資で運用したとしても、うまくいけばいいが、値崩れしていつまでも損切りできずに塩漬けしている、ほかで運用できるチャンスも見逃しているということが往々にしてある。そのうえ、高い税金と手数料を支払えば、大きなリスクを抱える割に、大した収益しか残らない。まさに割に合わない。

だからこそ、資産の一部を海外に投資しておく必要性がある。しかも、できれば米ドルやユーロといった大きな通貨を使った金融商品に投資しておけば、インフレ率よりも高い収益を生み、安定した為替変動で為替リスクを少しでも軽減することができる。

ではなぜ、オフショアのなかでも香港が優れているのか？

前章で、香港の有利な税制を説明したが、それだけではない。香港は世界の金融センターといわれ、さまざまな金融商品が販売されている。あの中国の人民元建て商品や上海株も扱っているのだから、その種類の多さは日本の比ではない。

そして、それはどこよりも新しい投資案件と出会える機会が多いことにもつながる。日本では考えられない新しい発想の金融商品が現れるのだが、日本では関係省庁の許可を得るのに多大な時間と労力がかかる。しかし、香港ではすぐ販売されるので、必然的に多くの投資チャンスに恵まれるのだ。

しかも、日本に近く飛行機で4～5時間で着く。これだけ利点があるのだから、ぜひ皆さんにも香港に来て海外投資を実践してもらいたいと思うし、やってみれば

「こんなに簡単だったんだ。なぜ、もっと早く挑戦しなかったんだろう！」

と後悔するはずである。

最後の言葉として、私のお勧めをお伝えしよう。

私は旅行が好きなことも手伝って、私が購入した金融商品が関係する場所をできるだけ視察している。たとえば、この本で紹介したＨＳＢＣの本社ビル。イギリスに旅行したついでに立ち寄った。私が買ったランドバンキングの土地。その頃はまだ農地だったり、遊休地だったが実際にその土地の上に立ってみた。イタリアの再生可能エネルギー債は、会社を訪問し経営者と食事をして、実際に設置された太陽光パネルや風力発電の風車を視察した。

実際に現地に行きこの目で見ることで、実感もわくし安心する。何より楽しい旅行になる。ちなみに、香港は世界中へ渡航するのに非常に便利で、しかも飛行機のチケットは日本よりも安い。加えて、紹介したＨＳＢＣ香港のキャッシュカードがあれば、たいていの国で現地通貨を引き出すことが可能だ。

私が旅行で立ち寄った様子や写真をブログに上げている。参考にしてもらえば幸いだ。

「海外投資＆グルメ——香港マイタン日記」http://amet.livedoor.biz/

【著者】
笹子善充　（ささご・よしみつ）
1961年7月16日生まれ。埼玉大学経済学部卒　都市銀行、大手為替ブローキング会社（上田ハーロー、メイタン・トラディション）を経てＦＸ会社（外為どっとコム常務取締役）の設立に奔走。
業界最大手のＦＸ会社、海外ファンドなどに関するコンサルティングサービスを開始。現在は香港に在住で、各種メディアを通じて香港の金融情報、生活情報などを提供するとともに、自身でもさまざまな投資を実践。その経験をブログなどで公開している。現在は、ＣＣＭ ＨＯＮＧ ＫＯＮＧ ＬＴＤ代表取締役。著書に『はじめての海外ファンド投資マニュアル』（実業之日本社）。

編集協力／鈴木雅光（JOYnt）

今すぐ「税金大国日本」から資産を逃しなさい！

2015年２月１日　第１刷発行

著　者　笹子善充
発行者　唐津　隆
発行所　株式会社ビジネス社
〒162－0805　東京都新宿区矢来町114番地
神楽坂高橋ビル5Ｆ
電話　03－5227－1602　FAX 03－5227－1603
URL　http://www.business-sha.co.jp/

〈カバーデザイン〉常松靖史　〈本文DTP〉茂呂田剛（エムアンドケイ）
〈印刷・製本〉モリモト印刷株式会社
〈編集担当〉大森勇輝　〈営業担当〉山口健志

ISBN978-4-8284-1799-8